Impressum
Verlag: BABADADA GmbH, Nedderfeld 112 , 22529 Hamburg
Geschäftsführer / Verlagsleitung: Harald Hof
Druck: Books on Demand GmbH, In de Tarpen 42, 22848 Norderstedt

Imprint
Publisher: BABADADA GmbH, Nedderfeld 112 , 22529 Hamburg, Germany
Managing Director / Publishing direction: Harald Hof
Print: Books on Demand GmbH, In de Tarpen 42, 22848 Norderstedt, Germany

1

# mokykla
# sekolah

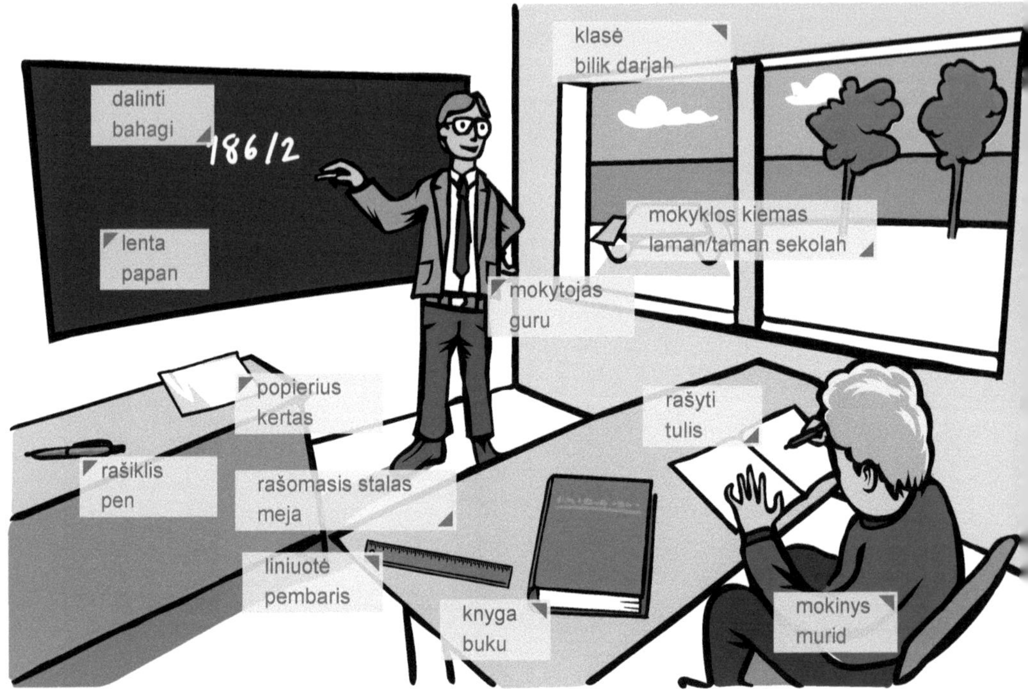
klasė
bilik darjah
dalinti
bahagi
186/2
lenta
papan
mokyklos kiemas
laman/taman sekolah
mokytojas
guru
popierius
kertas
rašyti
tulis
rašiklis
pen
rašomasis stalas
meja
liniuotė
pembaris
knyga
buku
mokinys
murid

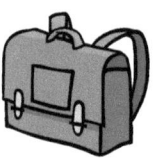

kuprinė

beg galas

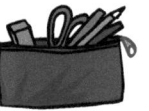

penalas

kotak pensel

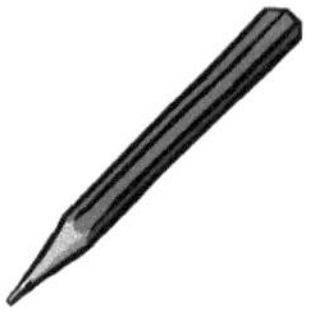

pieštukas

pensel

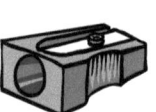

drožtukas

pengasah pensel

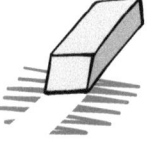

trintukas

pemadam

piešimo bloknotas

kertas lukisan

piešinys

melukis

teptukas

berus lukis

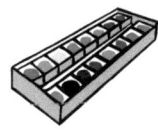

dažų dėžutė

kotak warna

žirklės

gunting

klijai

gam

vadovėlis

buku latihan

namų darbai

kerja rumah

numeris

nombor

pridėti

tambah

atimti

tolak

dauginti

darab

skaičiuoti

kira

raidė

huruf

abėcėlė

abjad

žodis

kata

tekstas

teks

skaityti

baca

kreida

kapur

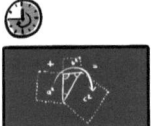

pamoka

pelajaran

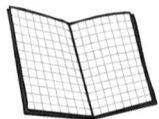

dienynas

daftar

egzaminas

peperiksaan

pažymėjimas

sijil

mokyklinė uniforma

uniform sekolah

išsilavinimas

pendidikan

enciklopedija

ensiklopedia

universitetas

universiti

mikroskopas

mikroskop

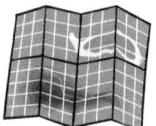

žemėlapis

peta

šiukšliadėžė

bakul sampah

# kelionė
# berjalan

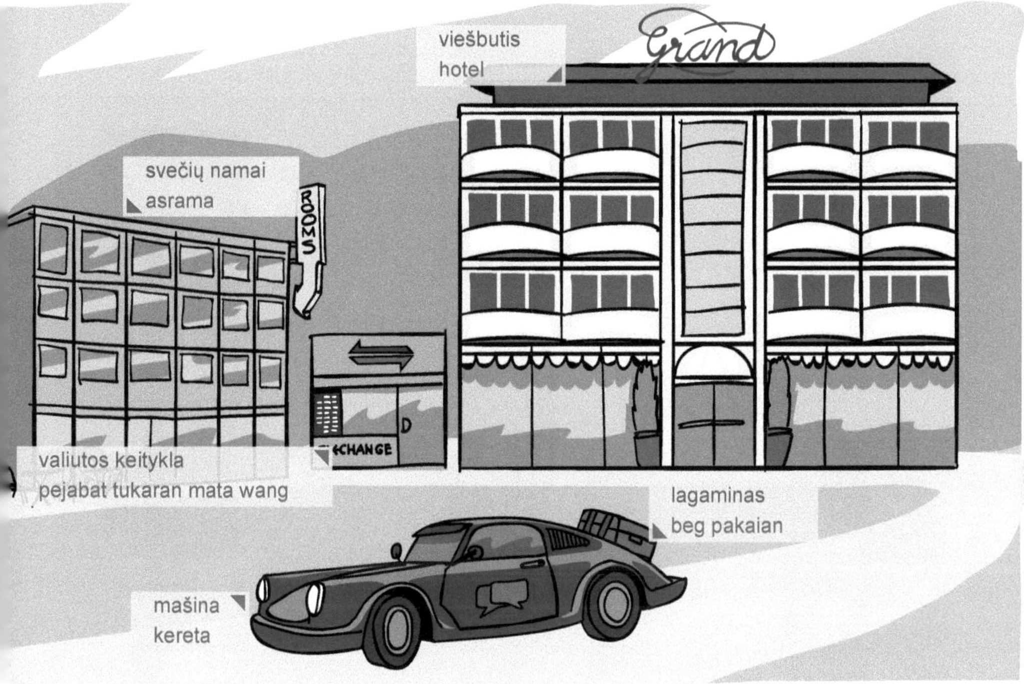
viešbutis
hotel
svečių namai
asrama
ROOMS
EXCHANGE
valiutos keitykla
pejabat tukaran mata wang
lagaminas
beg pakaian
mašina
kereta

kalba

bahasa

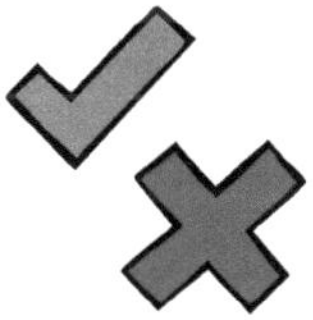

taip / ne

ya / tidak

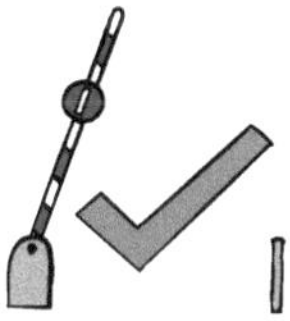

Gerai

okey

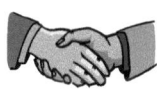

sveiki

helo

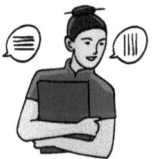

vertėjas raštu

penterjemah

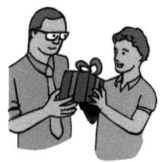

Ačiū

Terima kasih

kiek kainuoja...?

berapa banyak...?

aš nesuprantu

saya tidak faham

problema

masalah

Labas vakaras!

Selamat petang!

Labas rytas!

Selamat Pagi!

Labos nakties!

Selamat Malam!

viso gero

selamat tinggal

kryptis

arah

bagažas

bagasi

krepšys

beg

kuprinė

beg galas

svečias

tetamu

kambarys

bilik tidur

miegmaišis

beg tidur

palapinė

khemah

turizmo informacija

maklumat pelancong

paplūdimys

pantai

kreditinė kortelė

kad kredit

pusryčiai

sarapan

pietūs

makan tengah hari

vakarienė

makan malam

bilietas

tiket

liftas

lif

pašto ženklas

setem

siena

sempadan

muitinė

kastam

ambasada

kedutaan

viza

visa

pasas

pasport

# transportas
# pengangkutan

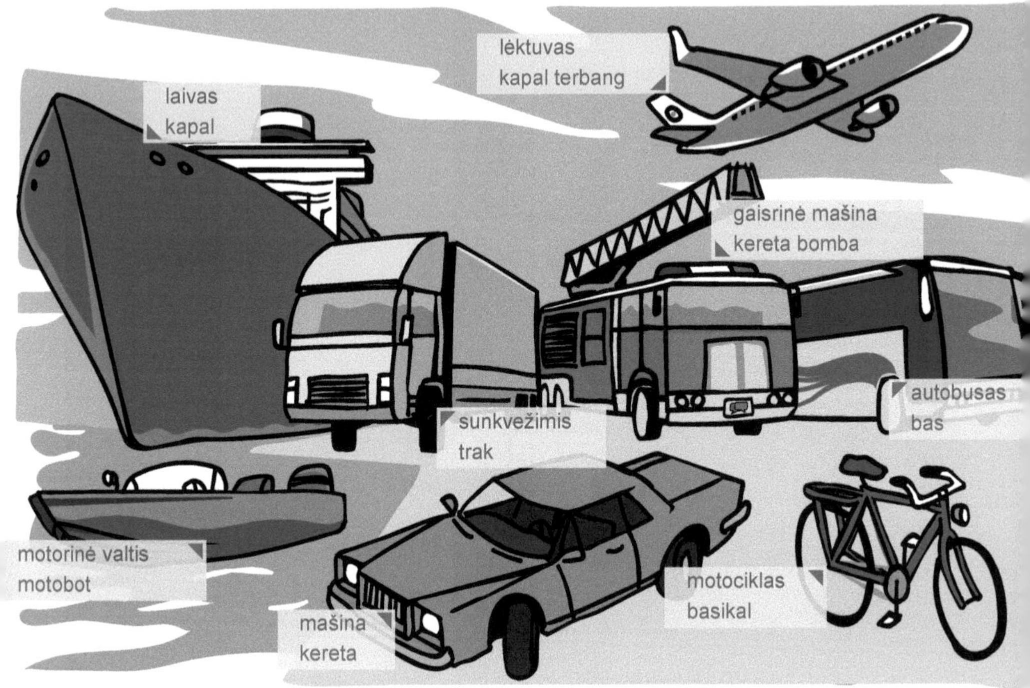

lėktuvas
kapal terbang
laivas
kapal
gaisrinė mašina
kereta bomba
autobusas
bas
sunkvežimis
trak
motorinė valtis
motobot
motociklas
basikal
mašina
kereta


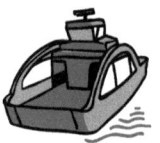

keltas

feri

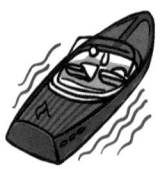

valtis

bot

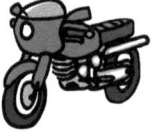

mopedas

motosikal

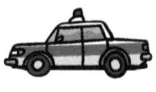

policijos automobilis

kereta polis

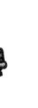

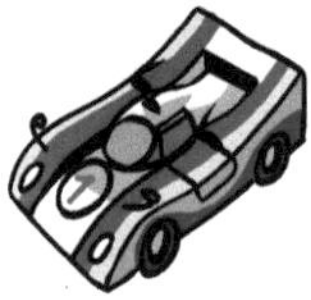

lenktyninis automobilis

kereta lumba

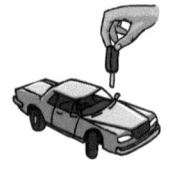

nuomojamas automobilis

kereta sewa

bendras automobilio
naudojimas
.................
berkongsi kereta

techninės pagalbos
automobilis
.................
trak tunda

šiukšliavežė
.................
trak menolak

variklis
.................
motor

degalai
.................
bahan api

degalinė
.................
stesen minyak

kelio ženklas
.................
tanda trafik

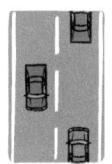

eismas
.................
trafik

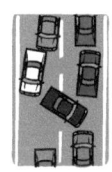

eismo spūstis
.................
kesesakan lalu lintas

mašinų stovėjimo aikštelė
.................
tempat parkir

traukinių stotis
.................
stesen kereta api

bėgiai
.................
trek

traukinys
.................
kereta api

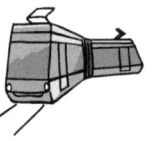

tramvajus
.................
trem

vagonas
.................
gerabak

sraigtasparnis

helikopter

oro uostas

lapangan terbang

bokštas

Menara

keleivis

penumpang

konteineris

bekas

dėžė

kadbod

vežimėlis

kart

krepšys

bakul

pakilti / nusileisti

berlepas / mendarat

## miestas

## bandar

kaimas

kampung

miesto centras

pusat bandar

namas

rumah

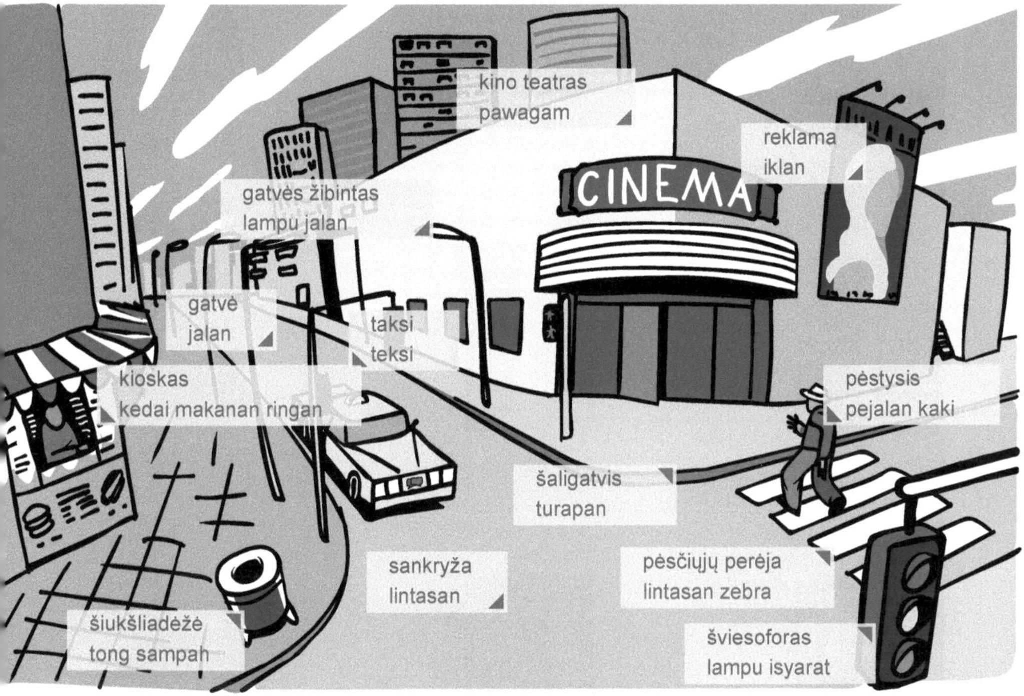

## Picture labels

kino teatras
pawagam

reklama
iklan

gatvės žibintas
lampu jalan

gatvė
jalan

taksi
teksi

kioskas
kedai makanan ringan

pėstysis
pejalan kaki

šaligatvis
turapan

sankryža
lintasan

pėsčiųjų perėja
lintasan zebra

šiukšliadėžė
tong sampah

šviesoforas
lampu isyarat

trobelė
pondok

butas
flat

traukinių stotis
stesen kereta api

rotušė
dewan bandar

muziejus
muzium

mokykla
sekolah

miestas - bandar

universitetas
universiti

bankas
bank

ligoninė
hospital

viešbutis
hotel

vaistinė
farmasi

biuras
pejabat

knygynas
kedai buku

parduotuvė
kedai

gėlių parduotuvė
kedai bunga

prekybos centras
pasar raya

turgus
pasaran

universalinė parduotuvė
gedung

žuvies parduotuvė
penjual ikan

prekybos centras
pusat membeli-belah

uostas
pelabuhan

parkas

taman

suoliukas

bangku

tiltas

jambatan

laiptai

tangga

metro

bawah tanah

tunelis

terowong

autobusų stotelė

hentian bas

baras

bar

restoranas

restoran

lauko pašto dėžutė

peti surat

kelio ženklas

papan tanda jalan

parkomatas

meter parkir

zoologijos sodas

zoo

baseinas

kolam renang

mečetė

masjid

ūkininko ūkis
.................
ladang

tarša
.................
pencemaran

kapinės
.................
tanah perkuburan

bažnyčia
.................
gereja

žaidimų aikštelė
.................
taman permainan

šventykla
.................
kuil

## kraštovaizdis
## landskap

lapas
daun

kelio rodyklė
tiang tanda

kelias
jalan

pieva
padang rumput

akmuo
batu

medis
pokok

ėjikas
pejalan kaki

upė
sungai

žolė
rumput

gėlė
bunga

slėnis

lembah

kalva

bukit

ežeras

tasik

miškas

hutan

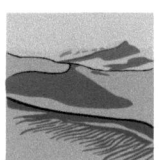

dykuma

padang pasir

ugnikalnis

gunung berapi

pilis

istana

vaivorykštė

pelangi

grybas

cendawan

palmė

pokok kelapa sawit

uodas

nyamuk

musė

terbang

skruzdėlė

semut

bitė

lebah

voras

labah-labah

vabalas
kumbang

varlė
katak

voverė
tupai

ežys
landak

kiškis
arnab

pelėda
burung hantu

paukštis
burung

gulbė
angsa

šernas
babi jantan

elnias
rusa

briedis
moose

užtvanka
empangan

vėjo jėgainė
turbin angin

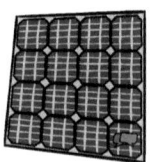

saulės baterija
panel solar

klimatas
iklim

# restoranas
## restoran

padavėjas
pelayan
meniu
menu
kėdė
kerusi
sriuba
sup
pica
piza
stalo įrankiai
kutleri
staltiesė
alas meja

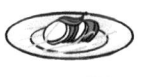

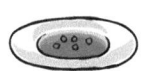

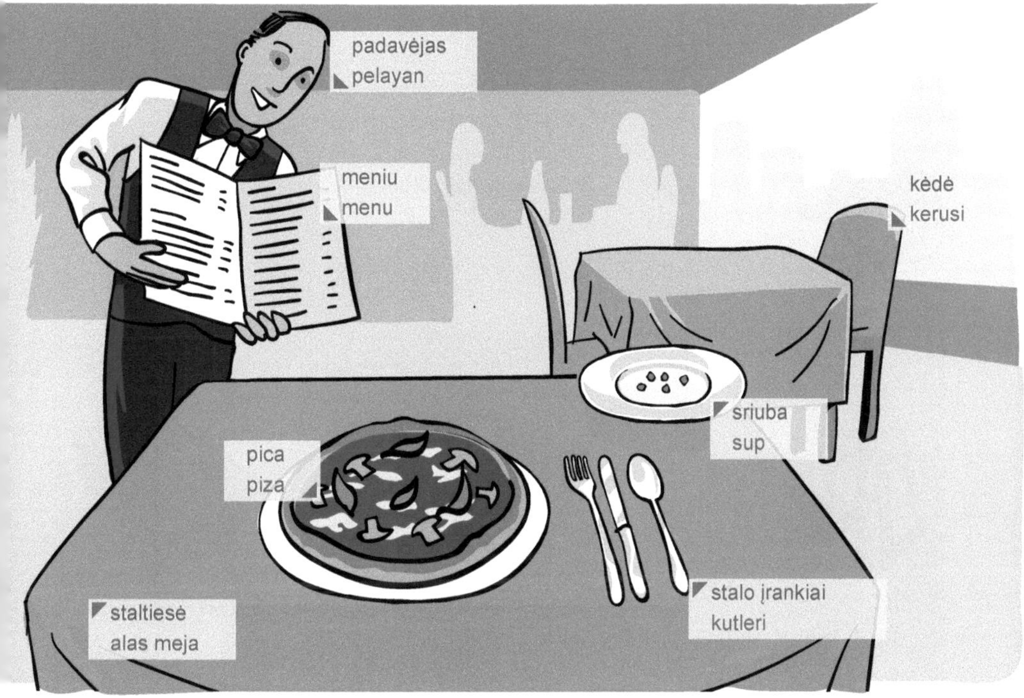

užkandis
pemula

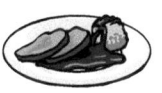

pagrindinis patiekalas
hidangan utama

desertas
pencuci mulut

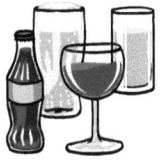

gėrimai
minuman

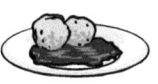

maistas
makanan

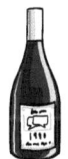

butelis
botol

greitai pateikiamas maistas

makanan segera

gatvės maistas

makanan jalanan

arbatinukas

teko

cukrinė

mangkuk gula

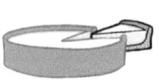

porcija

bahagian

espreso aparatas

mesin espreso

aukšta kėdė

kerusi tinggi

sąskaita

bil

padėklas

dulang

peilis

pisau

šakutė

garfu

šaukštas

sudu

arbatinis šaukštelis

sudu teh

servetėlė

serviette

stiklinė

gelas

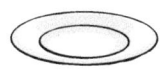

lėkštė
pinggan

sriubos lėkštė
mangkuk sup

padėklas
piring

padažas
sos

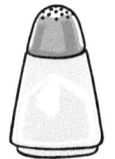

druskinė
tempat garam

pipirų malūnėlis
pengisar lada

actas
cuka

aliejus
minyak

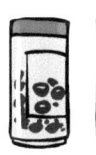

prieskoniai
rempah

kečupas
sos

garstyčios
mustard

majonezas
mayones

# prekybos centras
# pasar raya

specialus pasiūlymas
tawaran istimewa
FOR
pirkėjas
pelanggan
pieno produktai
tenusu
vaisiai
buah-buahan
troleibusas
troli

BUTCHERS

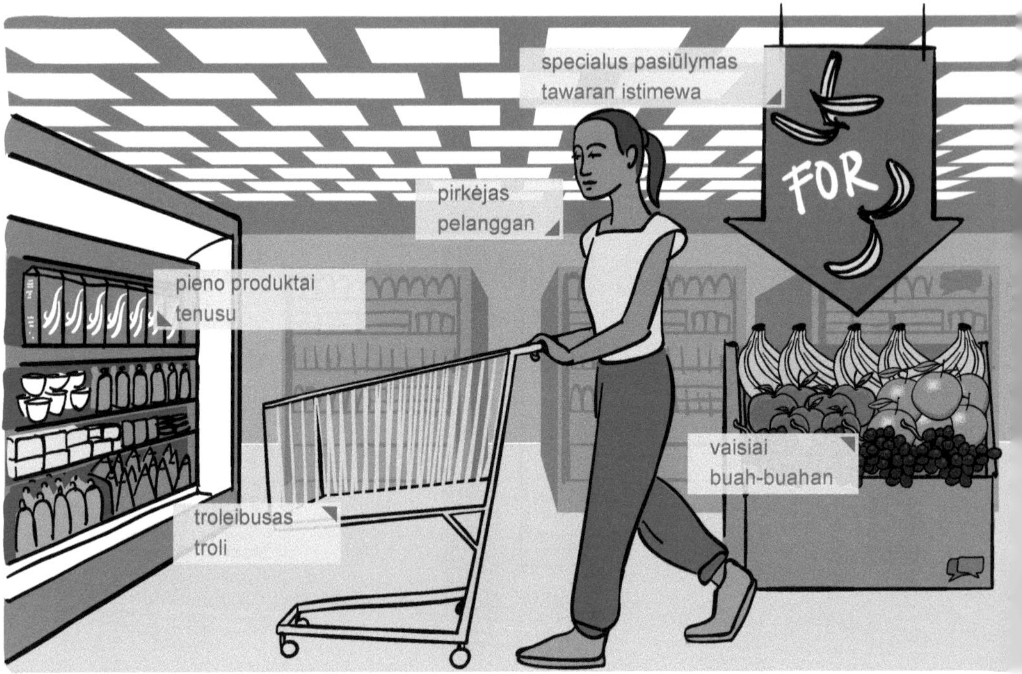

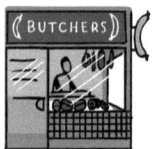

mėsos parduotuvė

tukang daging

BAKERY

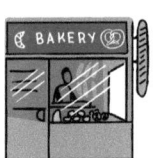

kepykla

kedai roti

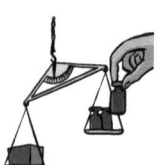

sverti

berat

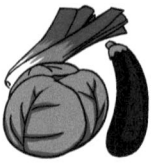

daržovės

sayur-sayuran

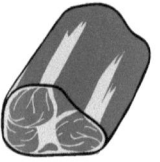

mėsa

daging

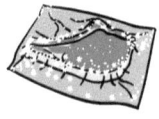

šaldytas maistas

makanan sejuk beku

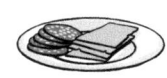

šalti mėsos užkandžiai

daging sejuk

konservai

makanan dalam tin

skalbimo milteliai

serbuk pencuci

saldumynai

gula-gula

ūkinės prekės

produk isi rumah

valymo priemonės

produk pembersihan

pardavėja

orang jualan

kasos aparatas

daftar tunai

kasininkas

juruwang

pirkinių sąrašas

senarai membeli-belah

darbo valandos

waktu pembukaan

piniginė

beg duit

kreditinė kortelė

kad kredit

maišelis

beg

plastikinis maišelis

beg plastik

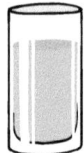

vanduo

air

sultys

jus

pienas

susu

kola

kola

vynas

wain

alus

bir

alkoholis

alkohol

kakava

koko

arbata

the

kava

kopi

espresas

espreso

kapučinas

kapucino

bananas
pisang

obuolys
epal

apelsinas
oren

arbūzas
tembikai

citrina
lemon

morka
lobak merah

česnakas
bawang putih

bambukas
buluh

svogūnas
bawang

grybas
cendawan

riešutai
kacang

makaronai
mi

spagečiai

spageti

ryžiai

nasi

salotos

salad

traškučiai

kerepek

keptos bulvės

kentang goreng

pica

piza

mėsainis

hamburger

sumuštinis

sandwic

pjausnys

kutlet

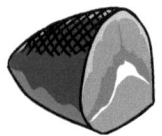

kumpis

ham

saliamis

salami

dešrelė

sosej

vištiena

ayam

kepsnys

panggang

žuvis

ikan

avižų dribsniai

bubur oat

dribsniai su priedais

muesli

kukurūzų dribsniai

emping jagung

miltai

tepung

prancūziškasis ragelis

kroisan

bandelė

roti roll

duona

roti

skrebutis

roti bakar

sausainiai

biskut

sviestas

mentega

varškė

dadih

tortas

kek

kiaušinis

telur

kiaušinienė

telur goreng

sūris

keju

ledai

ais krim

cukrus

gula

medus

madu

uogienė

jem

tepamas šokoladas

krim nougat

karis

kari

# ūkininko ūkis
# ladang

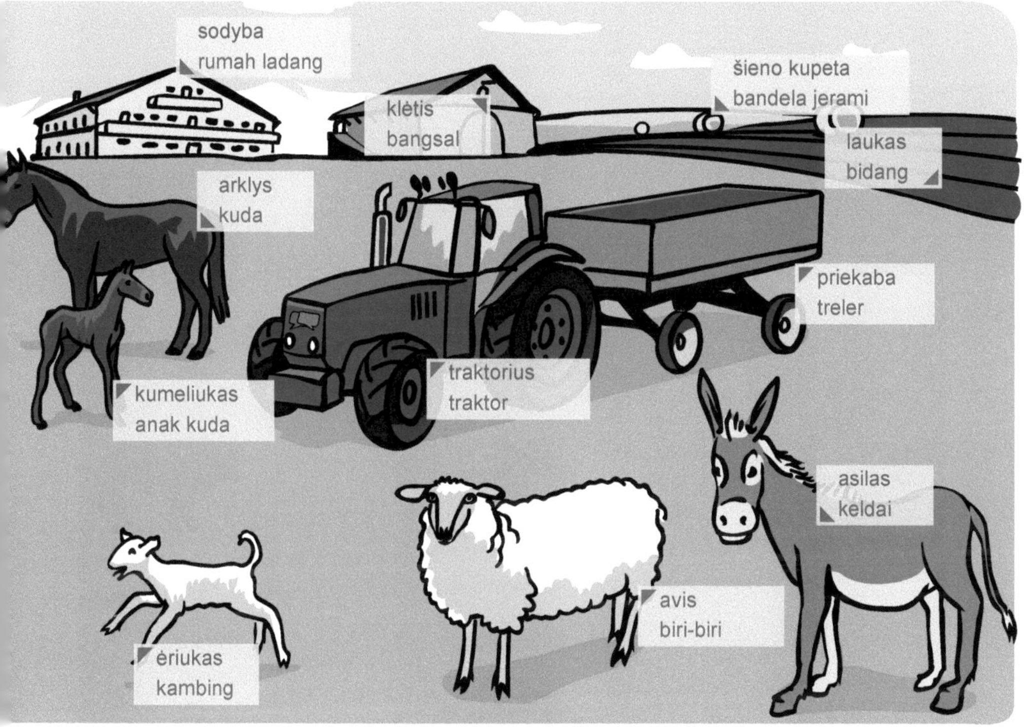
sodyba
rumah ladang
klėtis
bangsal
šieno kupeta
bandela jerami
laukas
bidang
arklys
kuda
priekaba
treler
traktorius
traktor
kumeliukas
anak kuda
asilas
keldai
avis
biri-biri
ėriukas
kambing

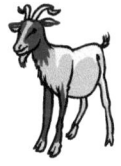

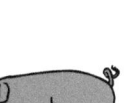

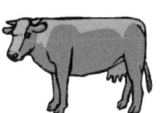

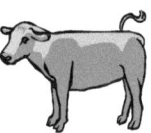

ožys
kambing

karvė
lembu

veršis
anak lembu

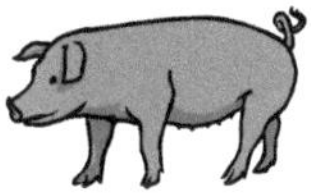

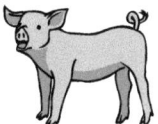

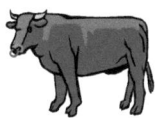

kiaulė
babi

paršelis
anak babi

bulius
lembu

žąsis

angsa

antis

itik

viščiukas

anak ayam

višta

ayam betina

gaidys

ayam jantan muda

žiurkė

tikus

katė

kucing

pelė

tikus

jautis

lembu jantan

šuo

anjing

šuns būda

rumah anjing

sodo namas

hos taman

laistytuvas

bekas siraman

dalgis

sabit

plūgas

bajak

pjautuvas
sabit

kauptukas
cangkul

šakės
serampang peladang

kirvis
kapak

statinė
kereta sorong

lovys
palung

bidonas
tin susu

maišas
karung

tvora
pagar

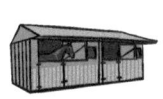

arklidė
stabil

šiltnamis
rumah hijau

dirva
tanah

sėkla
benih

trąšos
baja

kombainas
jentuai

rinkti
...............
tuai

derlius
...............
menuai

saldžiosios bulvės
...............
keladi

kviečiai
...............
gandum

soja
...............
soya

bulvė
...............
kentang

kukurūzai
...............
jagung

rapsai
...............
biji sawi

vaismedis
...............
pokok buah-buahan

manijokas
...............
ubi kayu

grūdai
...............
bijirin

# namas
# rumah

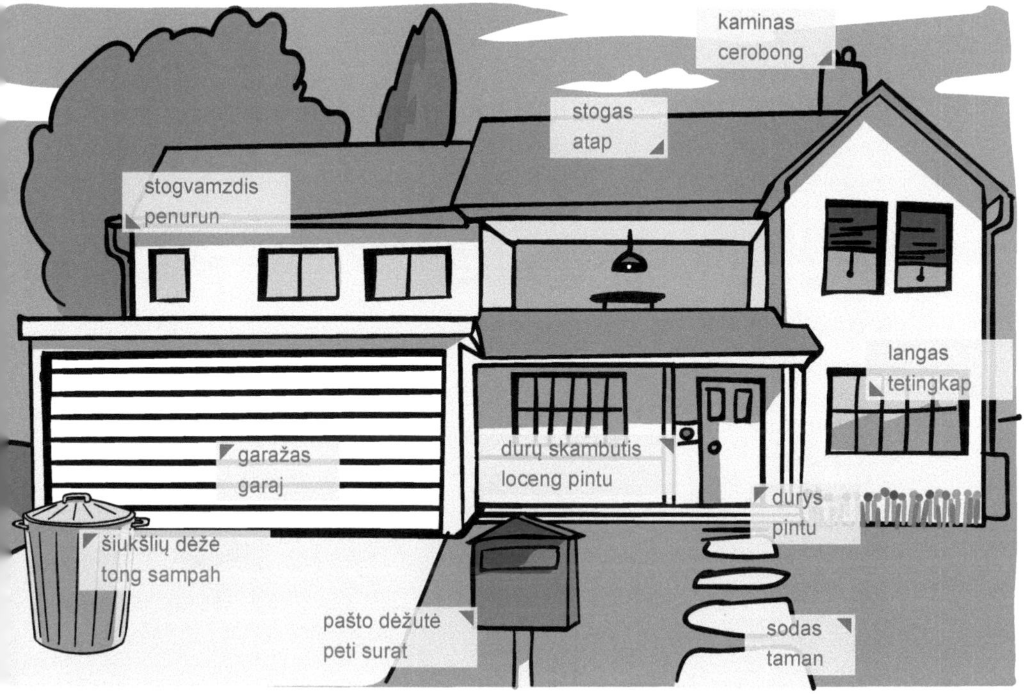
kaminas
cerobong
stogas
atap
stogvamzdis
penurun
langas
tetingkap
garažas
garaj
durų skambutis
loceng pintu
durys
pintu
šiukšlių dėžė
tong sampah
pašto dėžutė
peti surat
sodas
taman

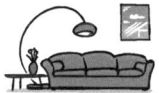

svetainė
ruang tamu

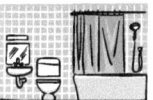

vonios kambarys
bilik air

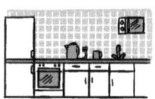

virtuvė
dapur

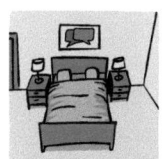

miegamasis
bilik tidur

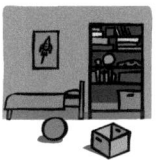

vaiko kambarys
bilik kanak-kanak

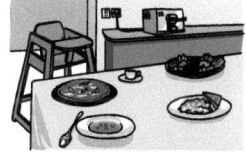

valgomasis
ruang makan

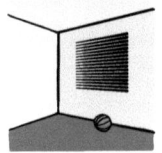

grindys
lantai

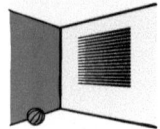

siena
dinding

lubos
siling

rūsys
bilik bawah tanah

sauna
sauna

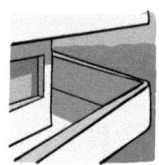

balkonas
balkoni

terasa
teres

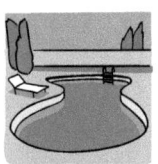

baseinas
kolam renang

žoliapjovė
pemotong rumput

paklodė
lembaran

lovatiesė
penutup tilam

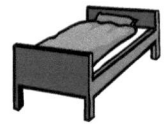

lova
katil

šluota
penyapu

kibiras
timba

jungiklis
suis

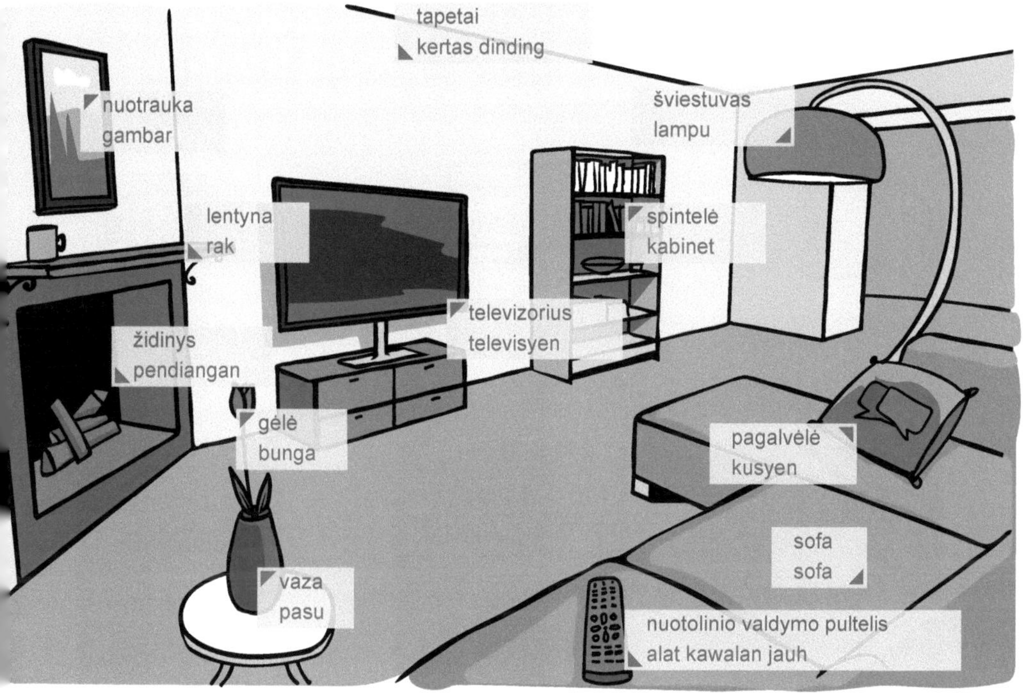

tapetai
kertas dinding

nuotrauka
gambar

šviestuvas
lampu

lentyna
rak

spintelė
kabinet

televizorius
televisyen

židinys
pendiangan

gėlė
bunga

pagalvėlė
kusyen

sofa
sofa

vaza
pasu

nuotolinio valdymo pultelis
alat kawalan jauh

kilimas
...............
permaidani

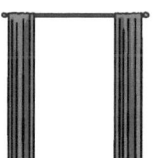

užuolaida
...............
tirai

stalas
...............
meja

kėdė
...............
kerusi

supamasis krėslas
...............
kerusi malas

fotelis
...............
kerusi

knyga
buku

antklodė
selimut

papuošimai
hiasan

malkos
kayu api

filmas
filem

stereo aparatūra
hi-fi

raktas
kunci

laikraštis
akhbar

paveikslas
lukisan

plakatas
poster

radijas
radio

užrašų knygelė
buku catatan

dulkių siurblys
penyedut habuk

kaktusas
kaktus

žvakė
lilin

# virtuvė
# dapur

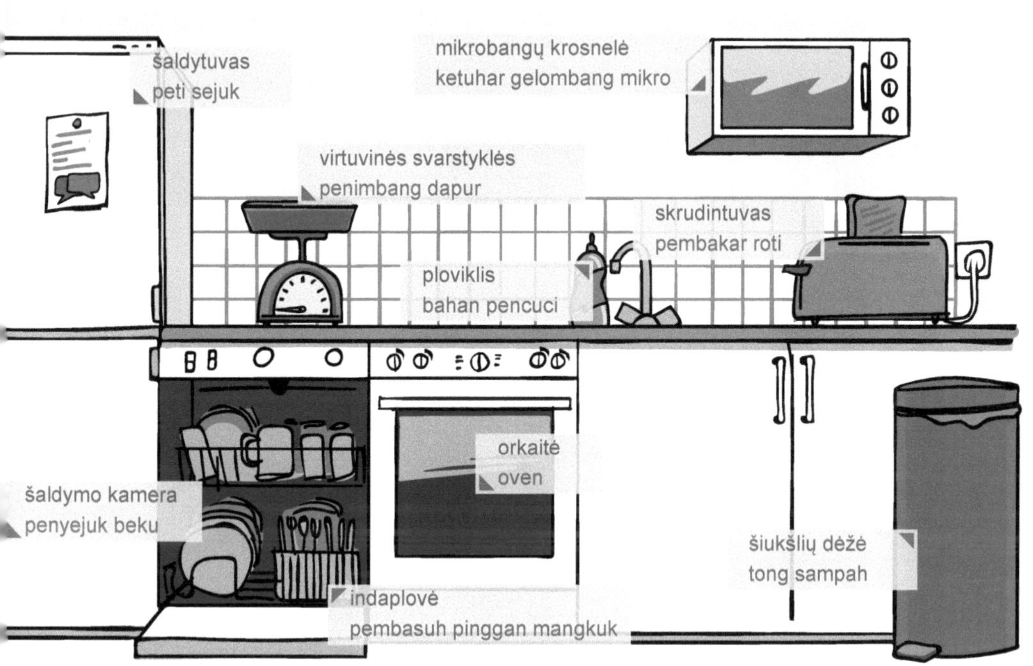

šaldytuvas
peti sejuk
mikrobangų krosnelė
ketuhar gelombang mikro
virtuvinės svarstyklės
penimbang dapur
skrudintuvas
pembakar roti
ploviklis
bahan pencuci
orkaitė
oven
šaldymo kamera
penyejuk beku
šiukšlių dėžė
tong sampah
indaplovė
pembasuh pinggan mangkuk


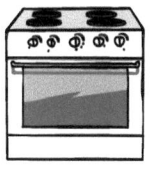

viryklė
periuk dapur

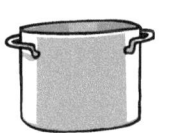

puodas
periuk

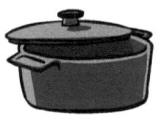

ketaus puodas
periuk besi

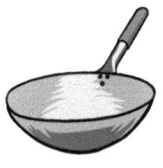

„wok“ keptuvė
kuali

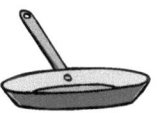

keptuvė
pan

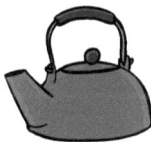

virdulys
cerek

garų puodas

pengukus

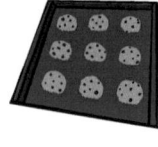

kepimo skarda

dulang pembakar

porceliano indai

pinggan mangkuk

puodelis

koleh

dubuo

mangkuk

valgomosios lazdelės

penyepit

samtis

senduk

mentelė

spatula

plaktuvas

pengadun

koštuvas

penapis

sietas

ayak

trintuvė

pemarut

grūstuvė

mortar

kepsninė

barbeku

atvira liepsna

pembakaran terbuka

pjaustymo lentelė

papan pencincang

kočėlas

pin golekan

kamščiatraukis

skru gabus

skardinė

tin

skardinių atidarytuvas

pembuka tin

puodkėlė

pemegang periuk

kriauklė

sinki

šepetys

berus

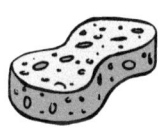

kempinė

span

trintuvas

pengisar

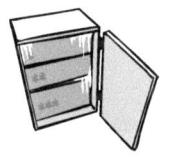

šaldiklis

penyejuk beku

kūdikių buteliukas

botol bayi

čiaupas

paip

# vonios kambarys
## bilik air

šildymas
pemanasan
dušas
mandi
rankšluostis
tuala
dušo užuolaidos
tirai mandi
vonios putos
mandi buih
vonia
tab mandi
stiklinė
gelas
skalbimo mašina
mesin basuh
čiaupas
paip
plytelės
jubin
naktinis puodukas
tandas
kriauklė
sinki


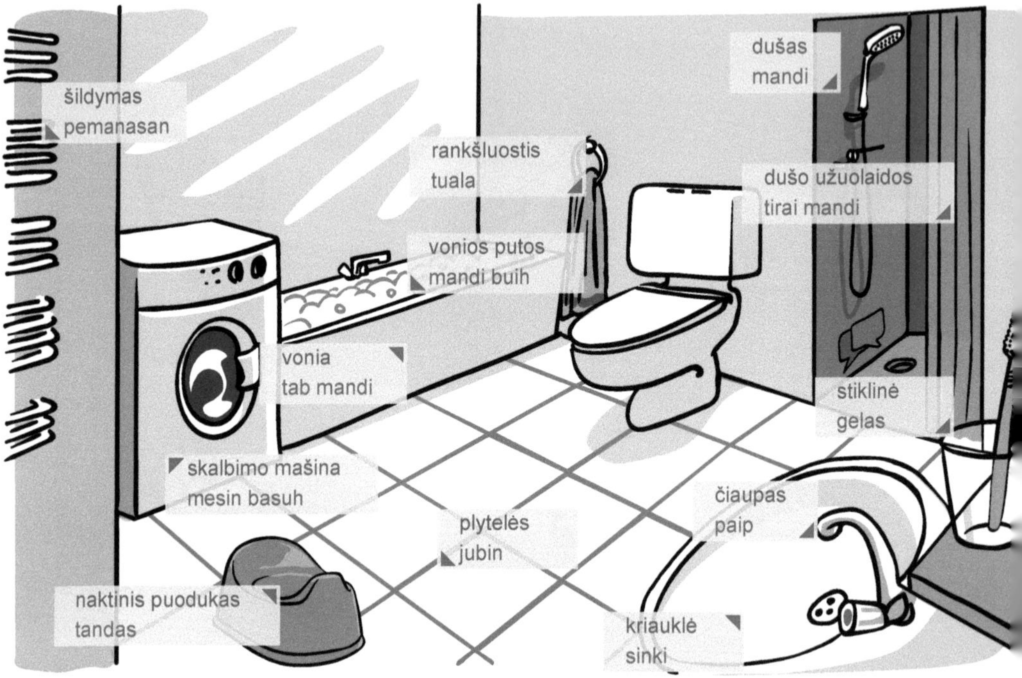

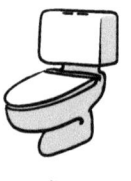

unitazas
tandas

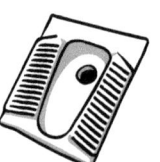

tupimasis unitazas
tandas mencangkung

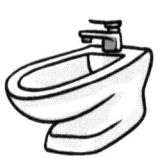

bidė
mangkuk tandas

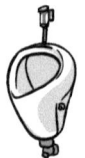

pisuaras
tandas awam

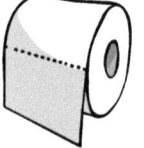

tualetinis popierius
kertas tandas

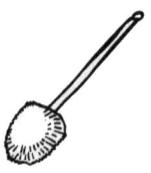

unitazo šepetys
berus tandas

dantų šepetėlis

berus gigi

dantų pasta

ubat gigi

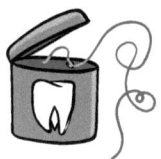

dantų siūlas

flos gigi

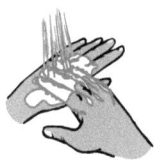

plauti

cuci

dušo galvutė

mandian tangan

higieninis dušas

pancuran

praustuvas

besen

nugaros plaušinė

belakang berus

muilas

sabun

dušo želė

gel mandian

šampūnas

syampu

plaušinė

flanel

kanalizacija

longkang

kremas

krim

dezodorantas

deodoran

veidrodis

cermin

veidrodėlis

cermin tangan

skustuvas

pisau cukur

skutimosi putos

busa cukur

losjonas po skutimosi

selepas cukur

šukos

sikat

šepetys

berus

plaukų džiovintuvas

pengering rambut

plaukų lakas

semburan rambut

makiažas

mekap

lūpdažis

gincu

nagų lakas

varnis kuku

vata

bulu kapas

žirklutės nagams

gunting kuku

kvepalai

pewangi

maišelis skalbiniams

beg basuhan

taburetė

bangku

svarstyklės

skala berat

chalatas

jubah mandi

guminės pirštinės

sarung tangan getah

tamponas

kapas

higieninis įklotas

tuala wanita

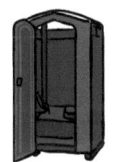

biotualetas

tandas kimia

# vaiko kambarys
# bilik kanak-kanak

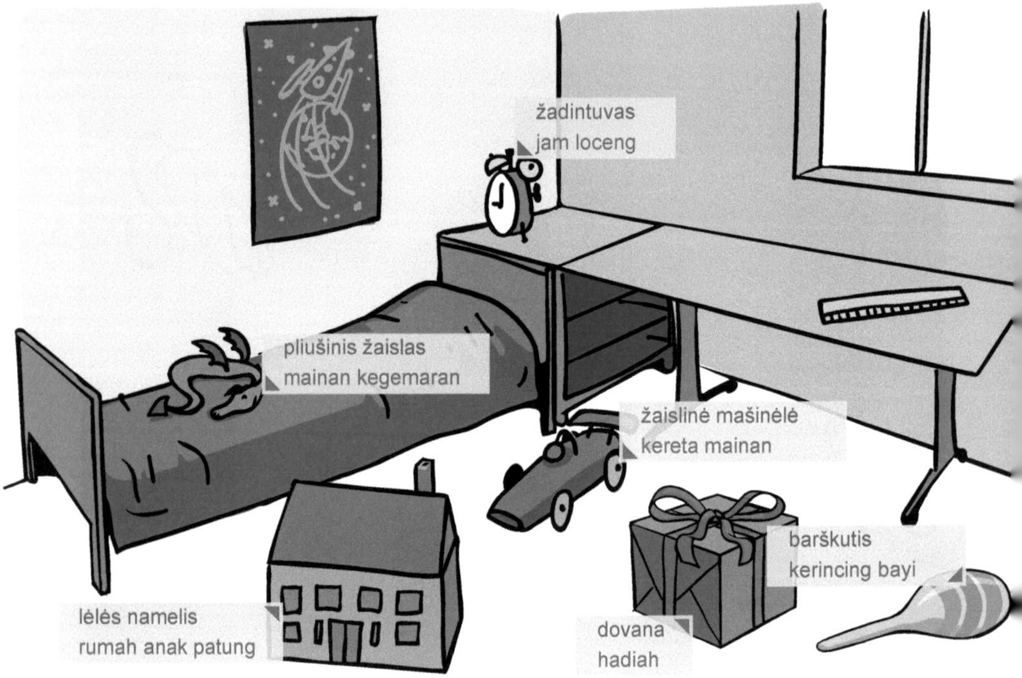
žadintuvas
jam loceng
pliušinis žaislas
mainan kegemaran
žaislinė mašinėlė
kereta mainan
barškutis
kerincing bayi
lėlės namelis
rumah anak patung
dovana
hadiah

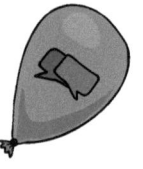

balionas

belon

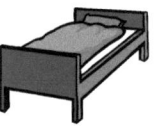

lova

katil

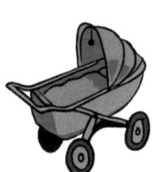

vaikiškas vežimėlis

kereta sorong bayi

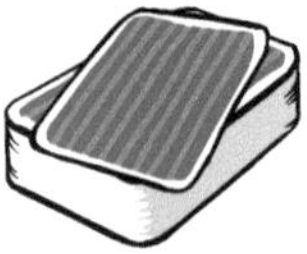

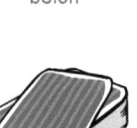

kortų malka

set kad

delionė

susun suai gambar

SUPER
MEGA

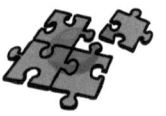

komiksai

komik

lego kaladėlės

batu bata lego

žaislinės kaladėlės

blok mainan

figūrėlė

figura aksi

šliaužtinukai

baju bayi

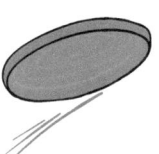

mėtymo lėkštė

frisbee

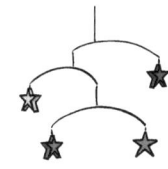

karuselė

mainan bayi mudah alih

stalo žaidimas

permainan papan

kauliukai

dadu

žaislinis traukinys

set model kereta api

žindukas

palsu

vakarėlis

parti

paveiksliukų knygelė

buku bergambar

kamuolys

bola

lėlė

anak patung

žaisti

main

smėlio dėžė

lubang pasir

sūpynės

buai

žaislai

mainan

žaidimų konsolė

konsol permainan video

triratukas

basikal roda tiga

meškiukas

anak patung beruang

drabužių spinta

almari pakaian

## drabužis

## pakaian

kojinės

stoking

kojinės virš kelių

stoking

pėdkelnės

ketat

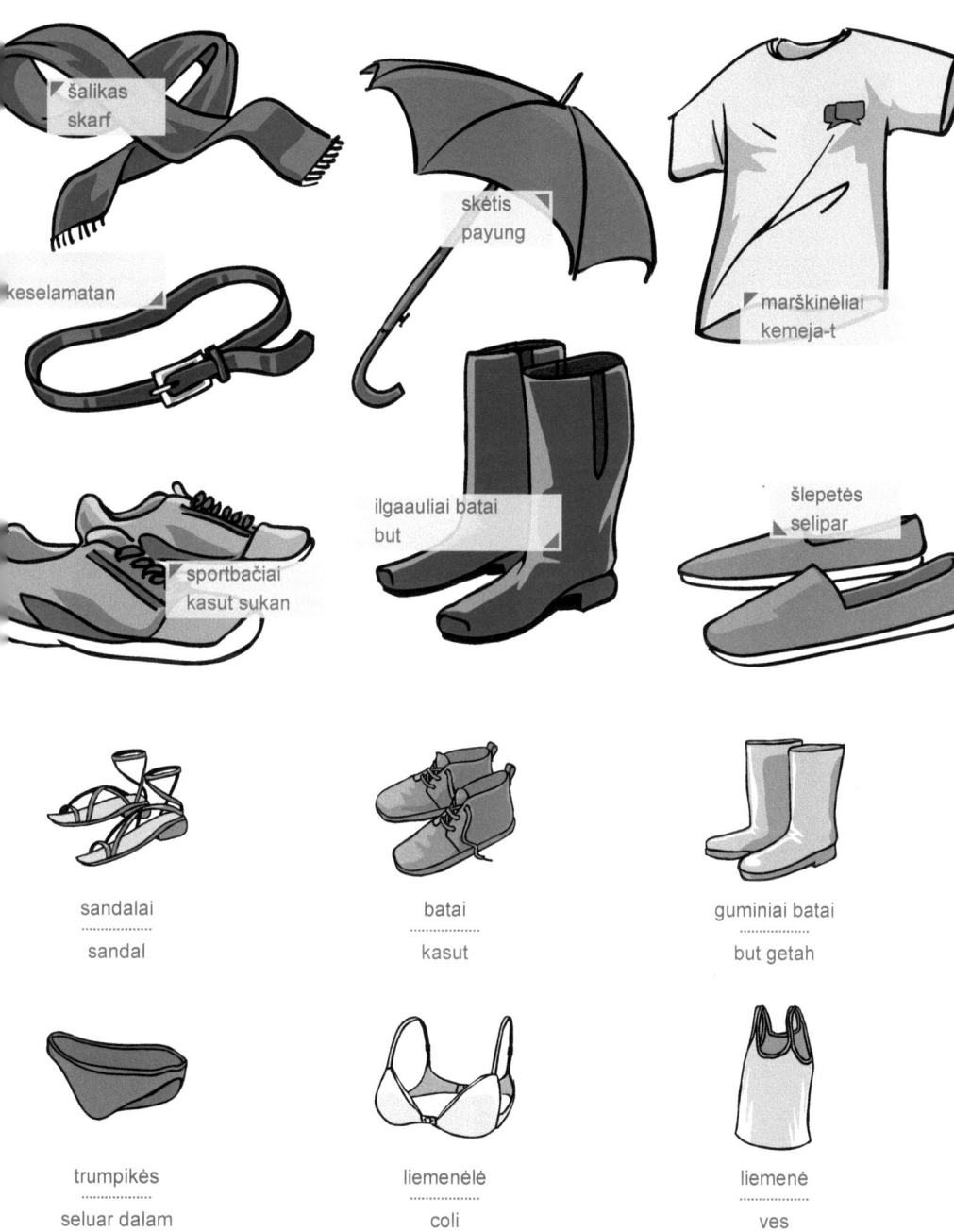

šalikas
skarf

skėtis
payung

keselamatan

marškinėliai
kemeja-t

ilgaauliai batai
but

šlepetės
selipar

sportbačiai
kasut sukan

sandalai
sandal

batai
kasut

guminiai batai
but getah

trumpikės
seluar dalam

liemenėlė
coli

liemenė
ves

glaustinukė
badan

kelnės
Seluar panjang

džinsai
jean

sijonas
skirt

palaidinė
blaus

marškiniai
kemeja

megztinis
baju panas sarung

megztinis su gobtuvu
sweater

švarkelis
blazer

švarkas
jaket

paltas
kot

lietpaltis
baju hujan

kostiumas
kostum

suknelė
pakaian

vestuvinė suknelė
baju pengantin

kostiumas
sut

naktiniai marškiniai
baju tidur

pižama
baju tidur

saris
sari

skarelė
skarf kepala

tiurbanas
serban

burka
burqa

kaftanas
kaftan

abaja
abaya/jubah

maudymosi kostiumėlis
baju renang

glaudės
seluar renang

šortai
seluar pendek

sportinis kostiumas
sut balapan

prijuostė
apron

pirštinės
sarung tangan

saga

butang

akiniai

cermin mata

apyrankė

gelang tangan

vėrinys

rantai leher

žiedas

cincin

auskaras

subang

kepurė

topi

pakabas

penyangkut kot

skrybėlė

topi

kaklaraištis

tali leher

užtrauktukas

zip

šalmas

topi keledar

breketai

pendakap

mokyklinė uniforma

uniform sekolah

uniforma

seragam

seilinukas
.................
lapik dada

žindukas
.................
palsu

vystyklai
.................
lampin

## biuras
## pejabat

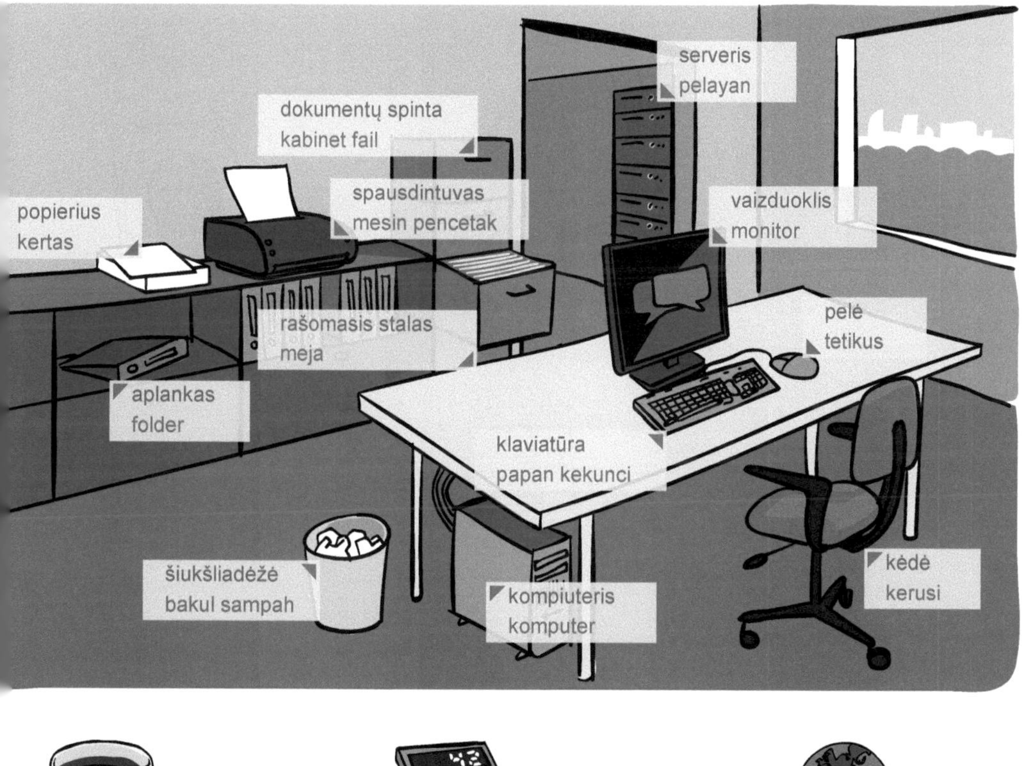

serveris
pelayan

dokumentų spinta
kabinet fail

spausdintuvas
mesin pencetak

vaizduoklis
monitor

popierius
kertas

rašomasis stalas
meja

pelė
tetikus

aplankas
folder

klaviatūra
papan kekunci

šiukšliadėžė
bakul sampah

kompiuteris
komputer

kėdė
kerusi

kavos puodelis
.................
cawan kopi

kalkuliatorius
.................
kalkulator

internetas
.................
internet

nešiojamasis kompiuteris

komputer riba

laiškas

surat

žinutė

mesej

mobilusis telefonas

mudah alih

tinklas

rangkaian

fotokopijavimo aparatas

mesin fotokopi

programinė įranga

perisian

telefonas

telefon

kištukinis lizdas

soket plag

faksas

mesin faks

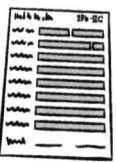

forma

bentuk

dokumentas

dokumen

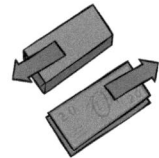

pirkti
beli

mokėti
bayar

prekiauti
berdagang

pinigai
wang

doleris
dolar

euras
euro

jena
yen

rublis
rubel

Šveicarijos frankas
franc swiss

juanis
renminbi yuan

rupija
rupee

bankomatas
mata tunai

valiutos keitykla

pejabat tukaran mata wang

auksas

emas

sidabras

perak

nafta

minyak

energija

tenaga

kaina

harga

sutartis

kontrak

mokestis

cukai

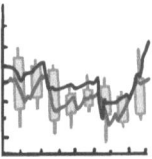

akcijos

stok

dirbti

kerja

darbuotojas

pekerja

darbdavys

majikan

gamykla

kilang

parduotuvė

kedai

ekonomika - ekonomi

# profesijos
## pekerjaan

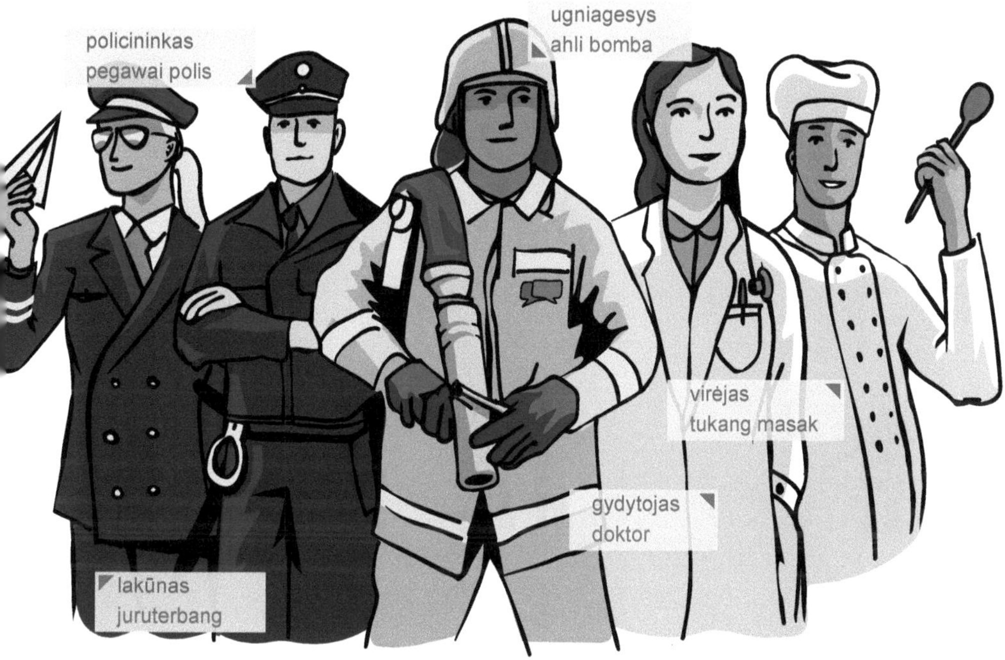
policininkas
pegawai polis
ugniagesys
ahli bomba
virėjas
tukang masak
gydytojas
doktor
lakūnas
juruterbang

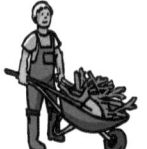

sodininkas

tukang kebun

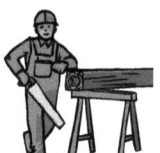

stalius

tukang kayu

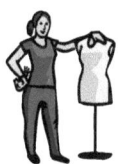

siuvėja

tukang jahit

teisėjas

hakim

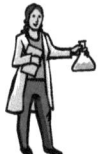

chemikas

ahli kimia

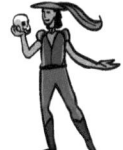

aktorius

pelakon

autobuso vairuotojas

pemandu bas

taksi vairuotojas

pemandu teksi

žvejys

nelayan

valytoja

wanita pencuci

stogdengys

kasau

padavėjas

pelayan

medžiotojas

pemburu

dailininkas

pelukis

kepėjas

bakeri

elektrikas

juruelektrik

statybininkas

pembangun

inžinierius

jurutera

mėsininkas

penjual daging

santechnikas

tukang paip

paštininkas

posmen

kareivis

askar

architektas

arkitek

kasininkas

juruwang

gėlininkas

kedai bunga

kirpėjas

pendandan rambut

konduktorius

konduktor

mechanikas

mekanik

kapitonas

kapten

odontologas

doktor gigi

mokslininkas

ahli sains

rabinas

tuhanku

imamas

imam

vienuolis

sami

kunigas

paderi

# įrankiai

## alat

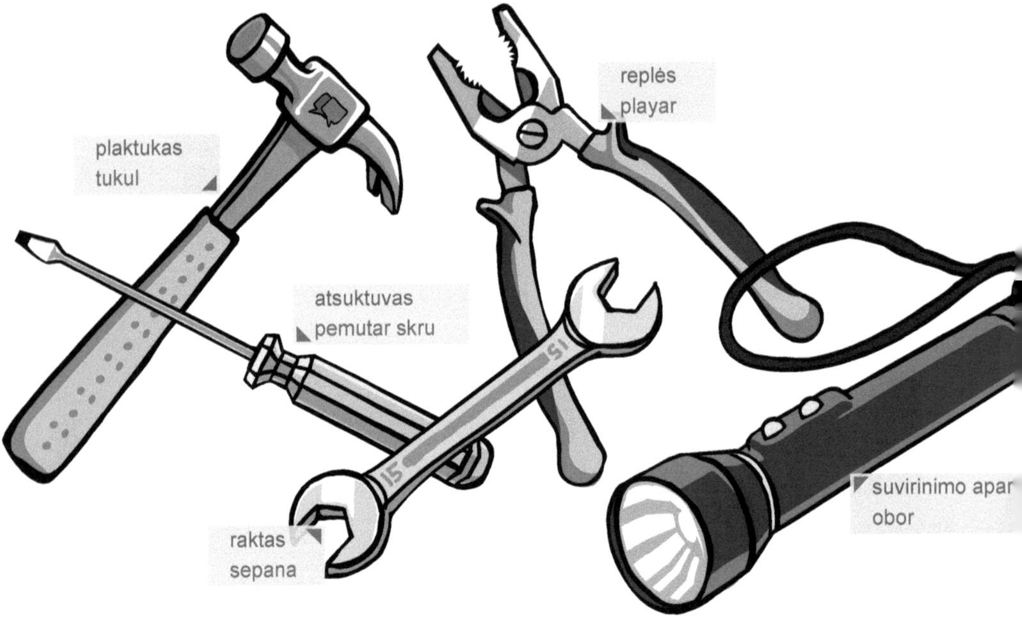

plaktukas
tukul
replės
playar
atsuktuvas
pemutar skru
raktas
sepana
suvirinimo apar
obor


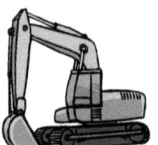

ekskavatorius

pengorek

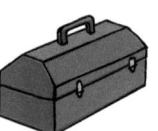

įrankių dėžė

kotak peralatan

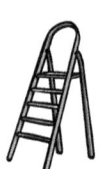

kopėčios

tangga

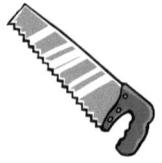

pjūklas

gergaji

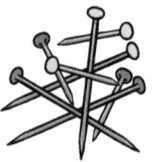

vinys

kuku

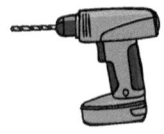

grąžtas

gerudi

taisyti
baiki

kastuvas
penyodok

Velniava!
Celaka!

semtuvėlis
penadah sampah

dažų skardinė
periuk cat

varžtai
skru

## muzikos instrumentai
## alat muzik

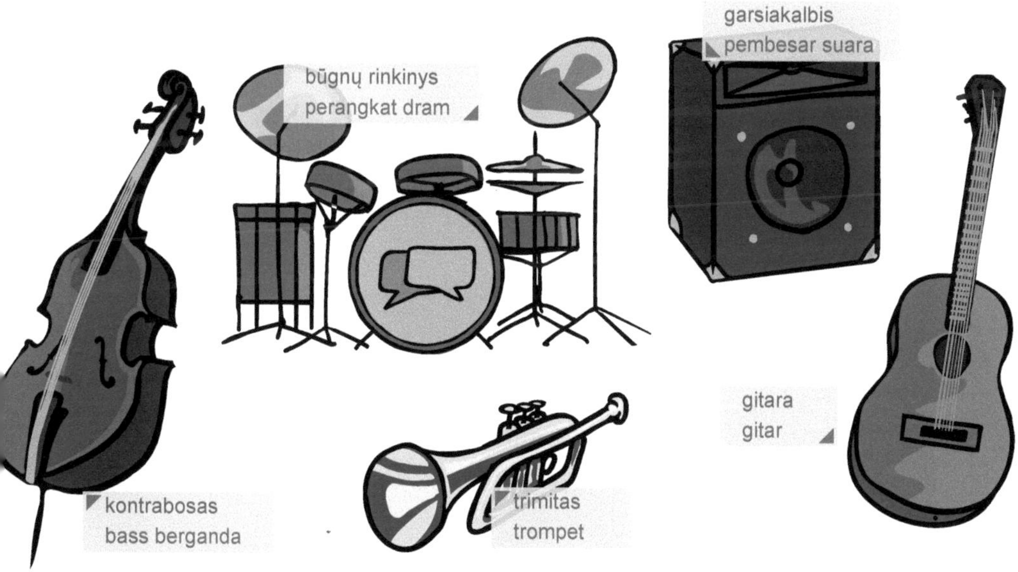

garsiakalbis
pembesar suara

būgnų rinkinys
perangkat dram

gitara
gitar

kontrabosas
bass berganda

trimitas
trompet

pianinas

piano

smuikas

biola

bosinė gitara

bass

timpanas

timpani

būgnai

dram

sintezatorius

papan kekunci

saksofonas

saksofon

fleita

seruling

mikrofonas

mikrofon

# zoologijos sodas

## zoo

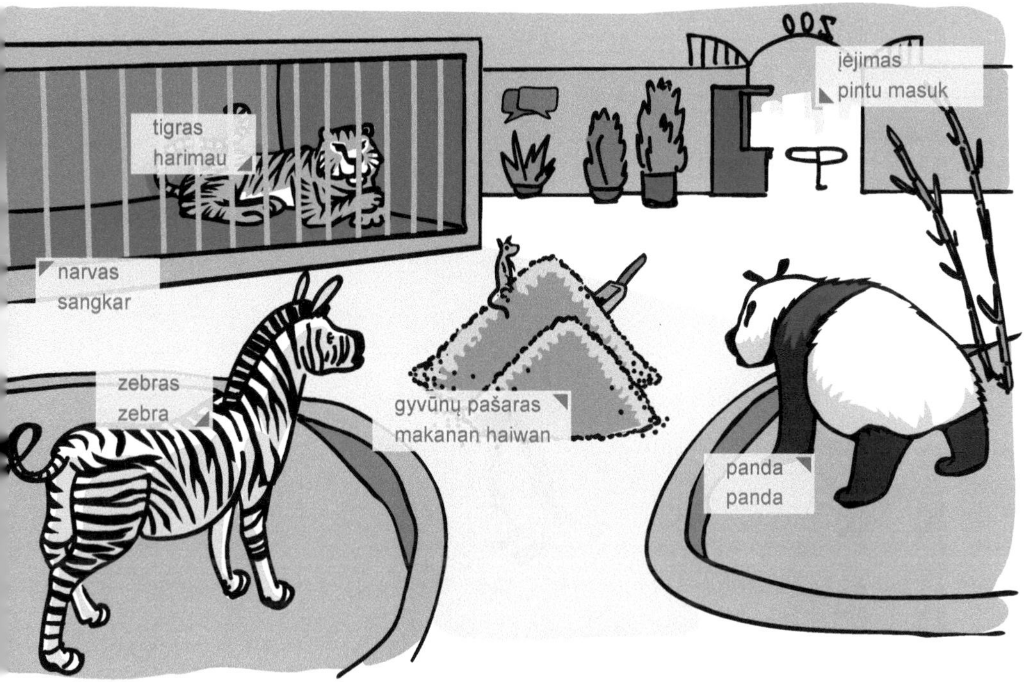

įėjimas
pintu masuk
tigras
harimau
narvas
sangkar
zebras
zebra
gyvūnų pašaras
makanan haiwan
panda
panda


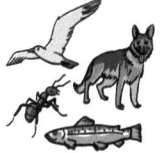

gyvūnai

haiwan

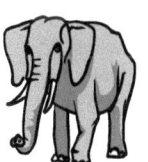

dramblys

gajah

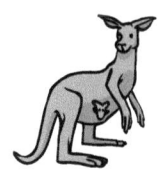

kengūra

kanggaru

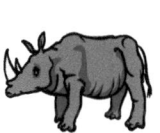

raganosis

badak sumbu

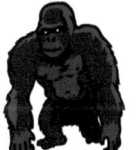

gorila

gorila

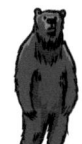

meška

beruang

kupranugaris

unta

strutis

burung unta

liūtas

singa

beždžionė

monyet

flamingas

flamingo

papūga

nuri

baltoji meška

beruang kutub

pingvinas

penguin

ryklys

yu

povas

merak

gyvatė

ular

krokodilas

buaya

zoologijos sodo prižiūrėtojas

penjaga zoo

ruonis

anjing laut

jaguaras

jaguar

ponis
kuda

leopardas
harimau

begemotas
badak air

žirafa
zirafah

erelis
helang

šernas
babi jantan

žuvis
ikan

vėžlys
penyu

vėplys
anjing laut

lapė
musang

gazelė
rusa

amerikietiškas futbolas
bola sepak Amerika

dviračių sportas
berbasikal

tenisas
tenis

krepšinis
bola keranjang

plaukimas
renang

boksas
tinju

ledo ritulys
hoki ais

futbolas
bola sepak

badmintonas
badminton

atletika
olahraga

rankinis
bola baling

slidinėjimas
ski

polas
polo

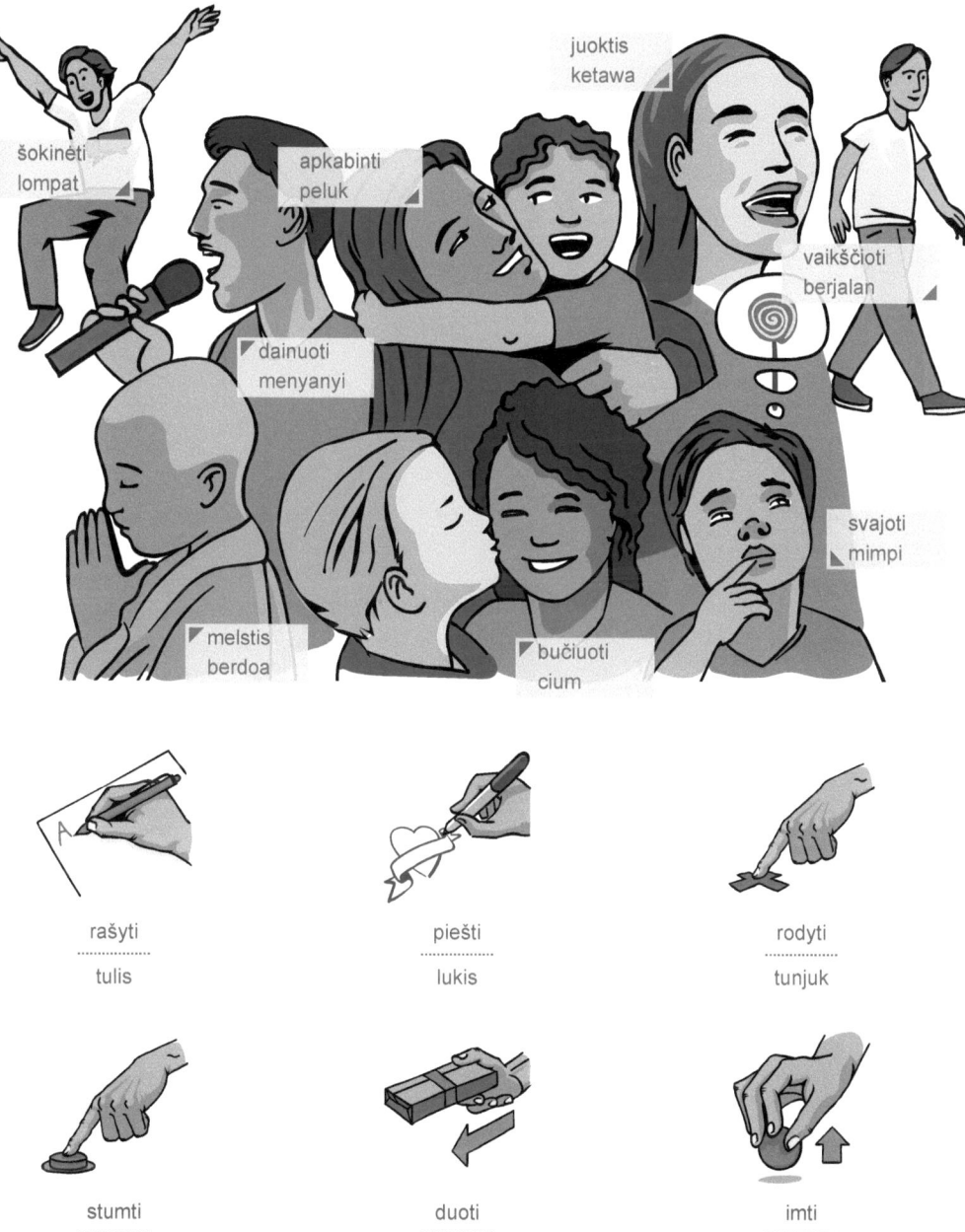

šokinėti
lompat

juoktis
ketawa

apkabinti
peluk

vaikščioti
berjalan

dainuoti
menyanyi

svajoti
mimpi

melstis
berdoa

bučiuoti
cium

rašyti
tulis

piešti
lukis

rodyti
tunjuk

stumti
tolak

duoti
beri

imti
ambil

turėti
ada

daryti
buat

būti
ialah

stovėti
berdiri

bėgti
lari

traukti
tarik

mesti
buang

kristi
jatuh

meluoti
tipu

laukti
tunggu

nešti
bawa

sėdėti
duduk

rengtis
pakai

miegoti
tidur

pabusti
bangkit

žiūrėti

lihat pada

verkti

menangis

glostyti

strok

šukuoti

sikat

kalbėti

cakap

suprasti

faham

paklausti

tanya

klausytis

dengar

gerti

minum

valgyti

makan

tvarkytis

mengemas

mylėti

sayang

gaminti

masak

vairuoti

pandu

skristi

terbang

buriuoti
belayar

skaičiuoti
kira

skaityti
baca

mokytis
belajar

dirbti
kerja

vesti
nikah

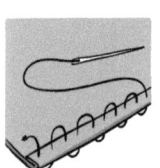

siūti
jahit

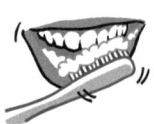

valytis dantis
memberus gigi

žudyti
bunuh

rūkyti
asap

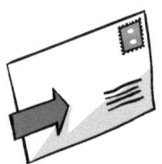

siųsti
hantar

# šeima
# keluarga

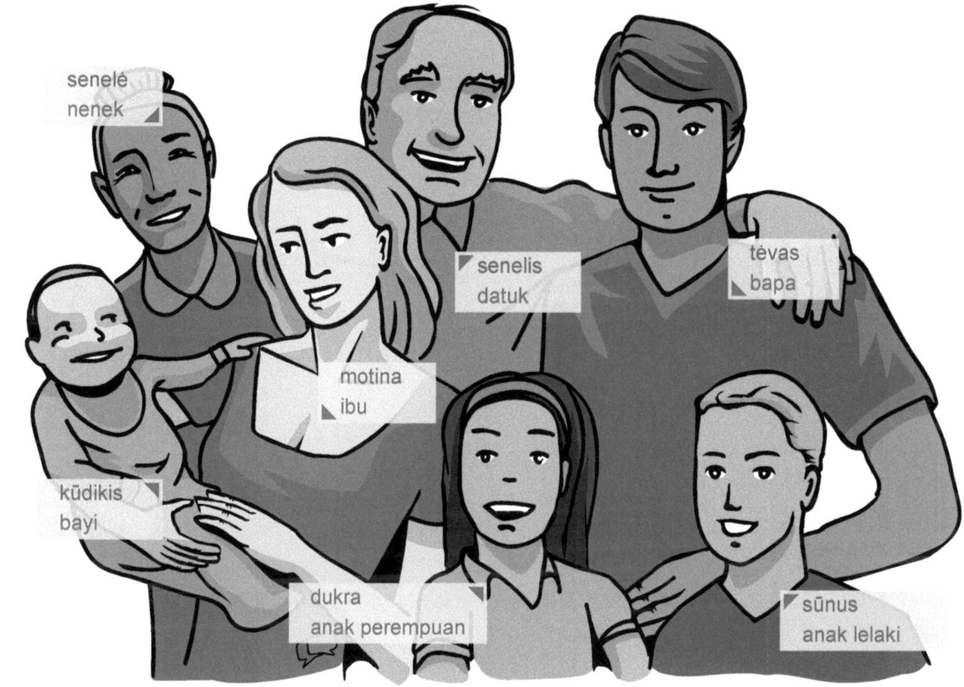
senelė
nenek
senelis
datuk
tėvas
bapa
motina
ibu
kūdikis
bayi
dukra
anak perempuan
sūnus
anak lelaki

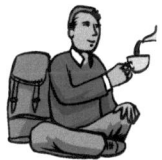

svečias
tetamu

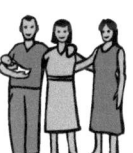

teta
mak cik

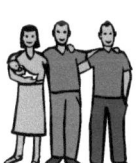

dėdė
pak cik

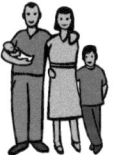

brolis
abang

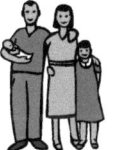

sesuo
kakak

# kūnas
# badan

kakta
dahi
akis
mata
petys
bahu
pirštas
jari
veidas
muka
smakras
dagu
plaštaka
tangan
koja
kaki
krūtinė
dada
ranka
lengan


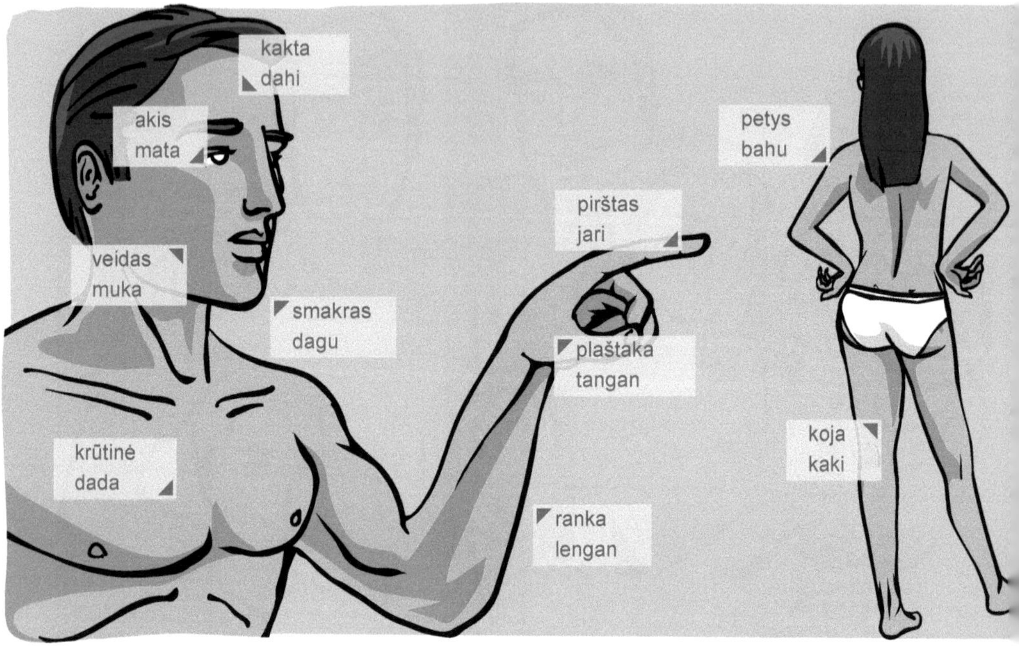

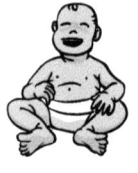

kūdikis
bayi

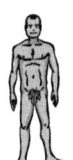

vyras
lelaki

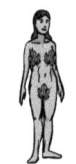

moteris
wanita

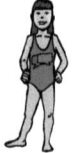

mergaitė
perempuan

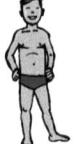

berniukas
lelaki

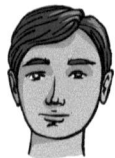

galva
kepala

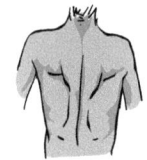

nugara

belakang

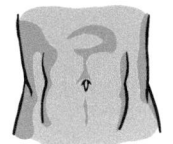

pilvas

bawah perut

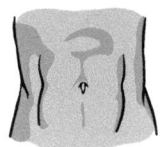

bamba

pusat

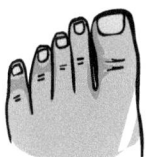

kojos pirštas

jari kaki

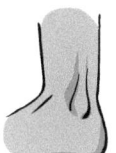

kulnas

tumit

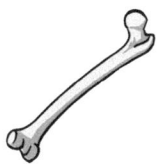

kaulas

tulang

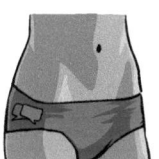

klubas

pinggul

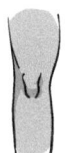

kelis

lutut

alkūnė

siku

nosis

hidung

sėdmenys

bawah

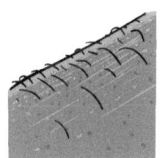

oda

kulit

skruostas

pipi

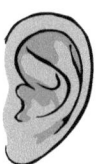

ausis

telinga

lūpa

bibir

burna

mulut

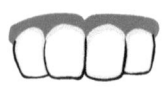

dantis

gigi

liežuvis

lidah

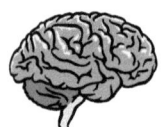

smegenys

otak

širdis

hati

raumuo

otot

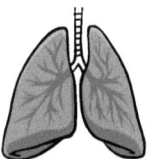

plaučiai

paru-paru

kepenys

hati

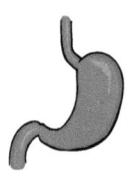

skrandis

perut

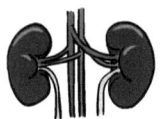

inkstai

buah pinggang

seksas

seks

prezervatyvas

kondom

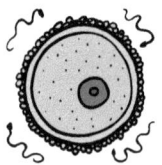

kiaušialąstė

faraj

sperma

mani

nėštumas

mengandung

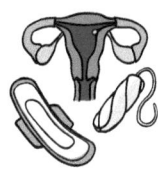

menstruacijos
haid

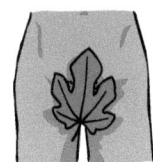

makštis
faraj

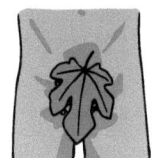

varpa
penis

antakis
kening

plaukai
rambut

kaklas
leher

# ligoninė
# hospital

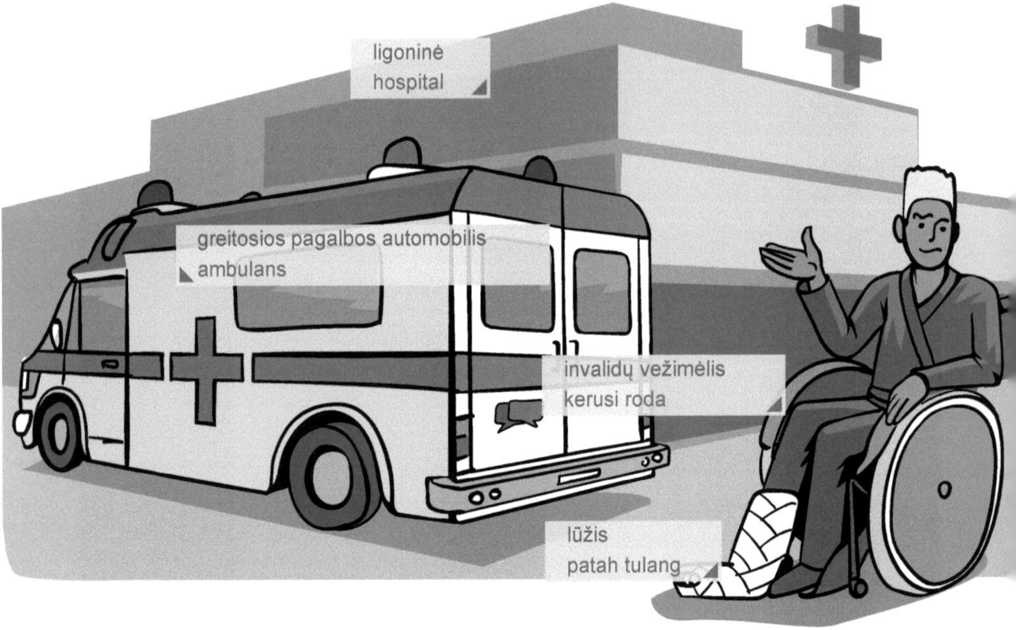

ligoninė
hospital
greitosios pagalbos automobilis
ambulans
invalidų vežimėlis
kerusi roda
lūžis
patah tulang

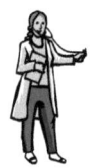

gydytojas
doktor

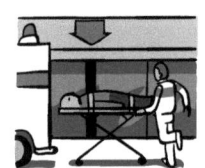

skubios pagalbos skyrius
bilik kecemasan

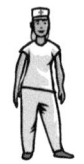

slaugytoja
jururawat

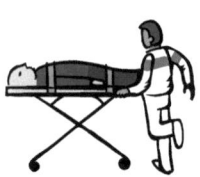

nelaimingas atsitikimas
kecemasan

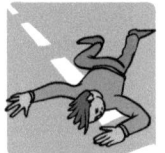

be sąmonės
tak sedar

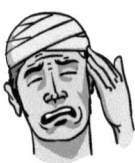

skausmas
sakit

sužalojimas

kecederaan

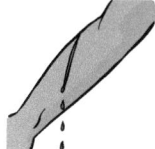

kraujavimas

pendarahan

širdies smūgis

serangan jantung

insultas

strok

alergija

alergi

kosulys

batuk

karščiavimas

demam

gripas

selesema

viduriavimas

cirit-birit

galvos skausmas

sakit kepala

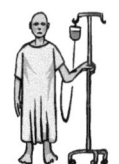

vėžys

kanser

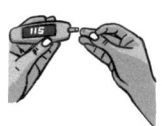

diabetas

diabetes

chirurgas

pakar bedah

skalpelis

pisau bedah

operacija

pembedahan

KT
CT

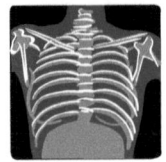

rentgenas
x-ray

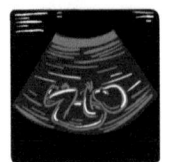

ultragarsas
ultrabunyi

veido kaukė
topeng muka

liga
penyakit

laukiamasis
bilik menunggu

ramentas
penongkat

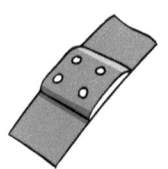

gipsas
plaster

tvarstis
pembalut

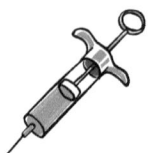

injekcija
suntikan

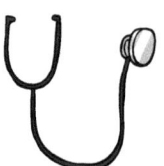

stetoskopas
stetoskop

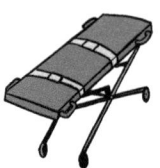

neštuvai
pengusung

termometras
termometer klinik

gimimas
kelahiran

antsvoris
berat badan berlebihan

klausos aparatas

alat pendengaran

dezinfekavimo priemonė

disinfektan

infekcija

jangkitan

virusas

virus

ŽIV / AIDS

HIV / AIDS

vaistas

perubatan

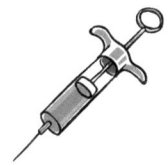

skiepijimas

vaksinasi

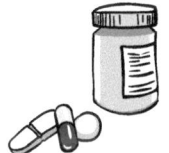

tabletės

tablet

piliulė

pil

skubios pagalbos numeris

panggilan kecemasan

kraujospūdžio matuoklis

pantau tekanan darah

ligotas / sveikas

sakit / sihat

Padėkite!

Tolong!

pavojaus signalas

penggera

užpuolimas

serang

ataka

serangan

pavojus

bahaya

avarinis išėjimas

pintu kecemasan

Gaisras!

Api!

gesintuvas

alat pemadam api

nelaimingas atsitikimas

kemalangan

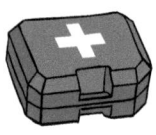

pirmosios pagalbos rinkinys

alat pertolongan cemas

SOS

SOS

policija

polis

Europa

Eropah

Šiaurės Amerika

Amerika Utara

Pietų Amerika

Amerika Selatan

Afrika

Afrika

Azija

Asia

Australija

Australia

Atlanto vandenynas

Atlantic

Ramusis vandenynas

Pasifik

Indijos vandenynas

Lautan Hindi

Pietų vandenynas

Lautan Antartik

Arkties vandenynas

Lautan Artik

Šiaurės ašigalis

Kutub utara

Pietų ašigalis

Kutub Selatan

Antarktida

Antartika

Žemė

bumi

sausuma

tanah

jūra

laut

sala

pulau

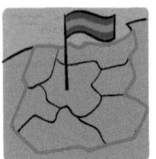

tauta

negara

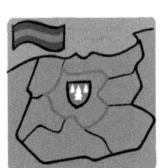

valstybė

negeri

ciferblatas

muka jam

valandinė rodyklė

tangan jam

minutinė rodyklė

tangan minit

sekundinė rodyklė

terpakai

Kiek valandų?

Jam berapa sekarang

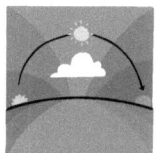

diena

hari

laikas

masa

dabar

sekarang

skaitmeninis laikrodis

jam digital

minutė

minit

valanda

jam

# savaitė
## minggu

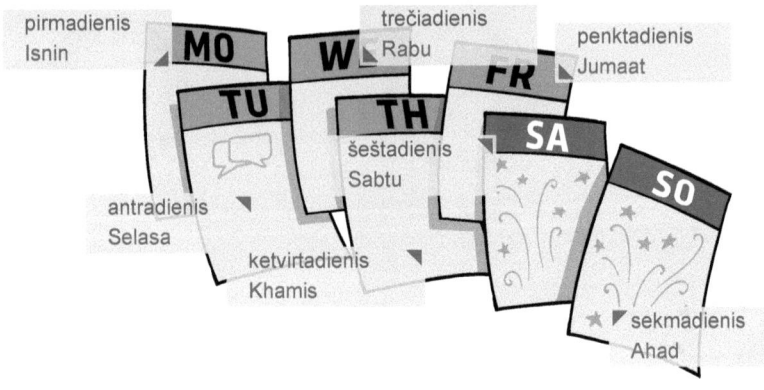

pirmadienis
Isnin

**MO**

**TU**

**W** Rabu
trečiadienis

**TH**

**FR**
penktadienis
Jumaat

**SA**

**SO**

antradienis
Selasa

šeštadienis
Sabtu

ketvirtadienis
Khamis

sekmadienis
Ahad

vakar

semalam

šiandien

hari ini

rytoj

esok

rytas

pagi

vidurdienis

tengah hari

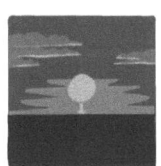

vakaras

petang

| MO | TU | WE | TH | FR | SA | SU |
|----|----|----|----|----|----|----|
| 1 | 2 | 3 | 4 | 5 | 6 | 7 |
| 8 | 9 | 10 | 11 | 12 | 13 | 14 |
| 15 | 16 | 17 | 18 | 19 | 20 | 21 |
| 22 | 23 | 24 | 25 | 26 | 27 | 28 |
| 29 | 30 | 31 | 1 | 2 | 3 | 4 |

darbo dienos

hari kerja

| MO | TU | WE | TH | FR | SA | SU |
|----|----|----|----|----|----|----|
| 1 | 2 | 3 | 4 | 5 | 6 | 7 |
| 8 | 9 | 10 | 11 | 12 | 13 | 14 |
| 15 | 16 | 17 | 18 | 19 | 20 | 21 |
| 22 | 23 | 24 | 25 | 26 | 27 | 28 |
| 29 | 30 | 31 | 1 | 2 | 3 | 4 |

savaitgalis

hari minggu

lietus
hujan

vaivorykštė
pelangi

véjas
angin

sniegas
salji

pavasaris
musim bunga

ruduo
musim luruh

vasara
musim panas

žiema
musim salji

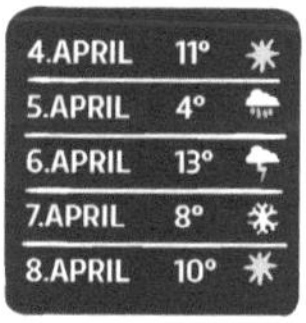

| 4.APRIL | 11° | ☀ |
| 5.APRIL | 4° | 🌦 |
| 6.APRIL | 13° | 🌧 |
| 7.APRIL | 8° | ❄ |
| 8.APRIL | 10° | ☀ |

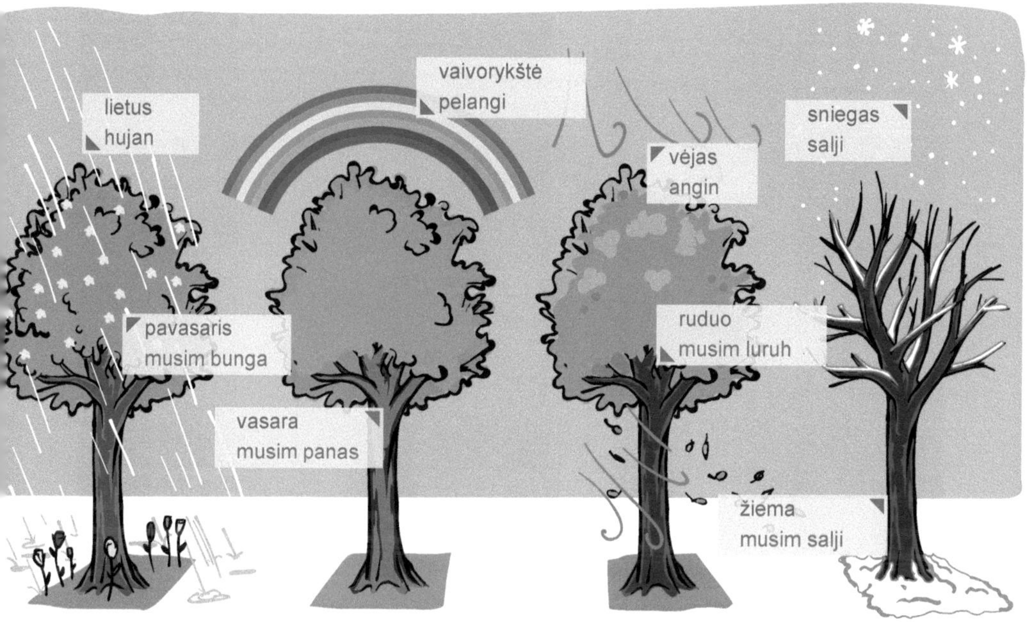

orų prognozė
ramalan cuaca

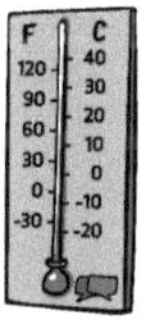

lauko termometras
termometer

saulės šviesa
sinar matahari

debesis
awan

rūkas
kabus

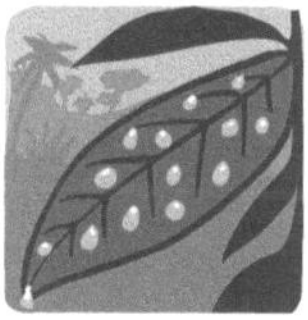

drėgmė
lembapan

žaibas
kilat

griaustinis
petir

audra
ribut

kruša
hujan batu

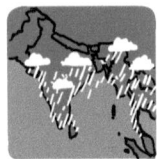

musonas
monsun

potvynis
banjir

ledas
ais

sausis
Januari

vasaris
Februari

kovas
Mac

balandis
April

gegužė
Mei

birželis
Jun

liepa
Julai

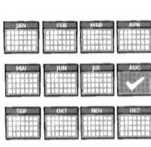

rugpjūtis
Ogos

metai - tahun

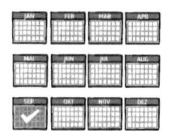

rugsėjis
................
September

spalis
................
Oktober

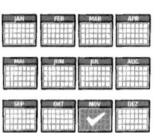

lapkritis
................
November

gruodis
................
Disember

apskritimas
................
bulatan

kvadratas
................
petak

stačiakampis
................
segi empat tepat

trikampis
................
segitiga

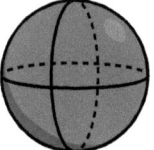

sfera
................
sfera

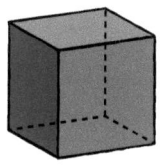

kubas
................
kiub

# spalvos

## warna

balta

putih

geltona

kuning

oranžinė

oren

rožinė

merah jambu

raudona

merah

violetinė

ungu

mėlyna

biru

žalia

hijau

ruda

coklat

pilka

kelabu

juoda

hitam

daug / mažai

banyak / sedikit

piktas / ramus

marah / tenang

gražus / bjaurus

cantik / hodoh

pradžia / pabaiga

bermula / tamat

didelis / mažas

besar kecil

šviesus / tamsus

terang / gelap

brolis / sesuo

abang / kakak

švarus / purvinas

bersih / kotor

užbaigtas / neužbaigtas

lengkap / tidak lengkap

diena / naktis

hari / malam

miręs / gyvas

mati / hidup

platus / siauras

luas / sempit

valgomas / nevalgomas

boleh dimakan / tidak boleh dimakan

piktas / malonus

jahat / baik

linksmas / nuobodus

teruja / bosan

storas / plonas

gemuk / kurus

pirmiausia / paskiausia

pertama / terakhir

draugas / priešas

kawan / musuh

pilnas / tuščias

penuh / kosong

kietas / minkštas

keras / lembut

sunkus / lengvas

berat / ringan

alkis / troškulys

lapar / dahaga

ligotas / sveikas

sakit / sihat

nelegalus / legalus

menyalahi undang-undang / undang-undang

protingas / kvailas

pintar / bodoh

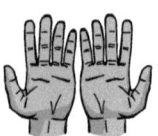

kairė / dešinė

kiri / kanan

arti / toli

dekat / jauh

naujas / naudotas
<br>
baru / lama

niekas / kažkas
<br>
tiada / sesuatu

senas / jaunas
<br>
tua / muda

įjungta / išjungta
<br>
hidup / mati

atidaryta / uždaryta
<br>
terbuka / tertutup

tylus / garsus
<br>
diam / bising

turtingas / vargšas
<br>
kaya / miskin

teisus / neteisus
<br>
betul / salah

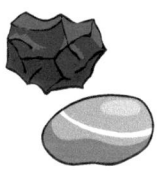

šiurkštus / švelnus
<br>
kasar / halus

liūdnas / laimingas
<br>
sedih / gembira

trumpas / ilgas
<br>
pendek / panjang

lėtas / greitas
<br>
lambat / laju

drėgnas / sausas
<br>
basah / kering

šiltas / šaltas
<br>
panas / sejuk

karas / taika
<br>
berperang / berdamai

| **0** | **1** | **2** |
|---|---|---|
| nulis | vienas | du |
| sifar | satu | dua |

| **3** | **4** | **5** |
|---|---|---|
| trys | keturi | penki |
| tiga | empat | lima |

| **6** | **7** | **8** |
|---|---|---|
| šeši | septyni | aštuoni |
| enam | tujuh | lapan |

| **9** | **10** | **11** |
|---|---|---|
| devyni | dešimt | vienuolika |
| sembilan | sepuluh | sebelas |

**12**

dvylika

dua belas

**13**

trylika

tiga belas

**14**

keturiolika

empat belas

**15**

penkiolika

lima belas

**16**

šešiolika

enam belas

**17**

septyniolika

tujuh belas

**18**

aštuoniolika

lapan belas

**19**

devyniolika

Sembilan belas

**20**

dvidešimt

dua puluh

**100**

šimtas

ratus

**1.000**

tūkstantis

ribu

**1.000.000**

milijonas

juta

skaičiai - nombor

anglų

Bahasa Inggeris

amerikiečių anglų

Bahasa Inggeris Amerika

kinų (mandarinų)

Bahasa Cina Mandarin

hindi

Bahasa Hindi

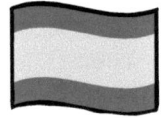

ispanų

Bahasa Sepanyol

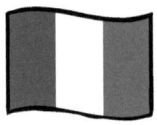

prancūzų

Bahasa Perancis

arabų

Bahasa Arab

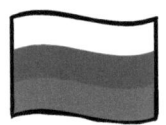

rusų

Bahasa Rusia

portugalų

Bahasa Portugis

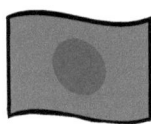

bengalų

Bahasa Benggali

vokiečių

Bahasa Jerman

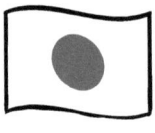

japonų

Bahasa Jepun

aš
saya

tu
anda

jis / ji
dia / dia / ia

mes
kita

jūs
anda

jie
mereka

kas?
siapa?

ką?
apa?

kaip?
bagaimana?

kur?
di mana?

kada?
bila?

vardas
nama

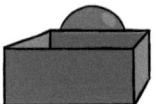

už
........
belakang

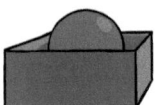

kur (vieta)
........
dalam

priešais
........
di hadapan

virš
........
lebih

ant
........
pada

po
........
di bawah

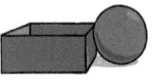

prie
........
bersebelahan

tarp
........
antara

vieta
........
tempat